QUÉ DICEN LA PERSONAS ACERCA DE
LA PALABRA Y EL ESPÍRITU...

"Hay razones claras de que un alto porcentaje de jóvenes universitarios abandonan la fe cristiana durante sus dos primeros años después de la escuela secundaria. ¡No se les ha enseñado claramente a fusionar su corazón con su mente! De modo que la experiencia rige sobre la claridad bíblica. ¡Es una mezcla tóxica hasta para el mejor! David Hertweck hace un extraordinario trabajo en la presentación de la importante verdad bíblica de una manera que los jóvenes de hoy y la cultura de los jóvenes adultos pueden realmente entender y asimilar. Su nuevo recurso de discipulado, *La Palabra y el Espíritu*, es un excelente diario para el estudiante que no puede ser exagerado. La pertinencia, la solidez bíblica, y el ingenio literario son "grandes compañeros de baile" si los juntamos en un mismo salón. David pudo hacerlo . . . y con una unción especial. ¡No se arriesgue a dejar de lado este recurso!"

—JEANNE MAYO, CONSULTANTE JÓVENES; PRESIDENTE, MENTOR DEL EQUIPO DE LÍDERES; SOCIA SALUDABLE

"Si usted quiere entender cómo Dios usa su Palabra y su Espíritu para ayudarlo a asemejarse a Jesús, *La Palabra y el Espíritu* es para usted. David Hertweck crea una oportunidad que transforma vidas a través de su habilidad única para traer verdades eternas a la vida cotidiana. Ya sea en su tiempo personal con Dios, en un grupo pequeño, o con su familia, cada estudiante, líder, y padre o madre pueden crecer con la lectura de este recurso".

—STEVE PULIS, PHD, DIRECTOR DE EVENTOS DE *CONVOY OF HOPE*

"Se produce una poderosa dinámica cuando la Palabra y el Espíritu se combinan. David ha percibido el pulso del latido del corazón de Dios y del corazón del movimiento del Espíritu. Su escrito será un gran impacto para esta generación".

—DOUG WITHERUP, DIRECTOR EJECUTIVO DE MINISTERIOS DE LA IGLESIA DE LAS ASAMBLEAS DE DIOS EN CAROLINA DEL NORTE Y AUTOR DE *INTERROBANG PREACHING: (RE)DISCOVERING THE COMMUNICATION SECRETS OF JESUS* [PREDICACIÓN INTERROBANG: (RE)DESCUBRAMOS LOS SECRETOS DE LA COMUNICACIÓN DE JESÚS

"Nuestra realidad actual requiere que la gente escuche una voz clara y concisa. La moneda de dos caras de la Escritura y el Espíritu es el patrón que se debe emular hoy. La voz de David no sólo es clara y concisa, sino actualizada y confiable. Recomiendo encarecidamente *La Palabra y el Espíritu*, pero también recomiendo a David. Su voz fortalecerá la conversación, y usted será profundamente enriquecido a través de sus escritos".

—HEATH ADAMSON, DIRECTOR DE MI IGLESIA SALUDABLE, LAS ASAMBLEAS DE DIOS

"Si lo que buscas es un recurso que ayude a tus estudiantes a entender la importancia de la Palabra de Dios y el papel del Espíritu Santo en su vida como creyentes, te recomiendo que cuanto antes tengas en tus manos *La Palabra y el Espíritu*. David ofrece una enseñanza bíblica clara, centrada en Cristo, con una aplicación práctica que puede ayudar a cualquier persona (joven o anciano) a desarrollar un mayor amor y valor por la Biblia y la obra activa del Espíritu Santo en su vida".

—TYLER SOLLIE, DIRECTOR DE LA RED JUVENIL, RED NOROESTE DEL MINISTERIO DE LAS ASAMBLEAS DE DIOS

"Una de las prioridades fundamentales de los pastores de jóvenes es ayudar a los estudiantes a entender las Escrituras como el fundamento de su fe en Cristo, y vivir las realidades de esa fe en el poder del Espíritu Santo. Este diario devocional conectará a sus estudiantes en importantes conversaciones con la Palabra de Dios y la voz del Espíritu Santo conforme aprenden a conducirse como seguidores de Jesús en las situaciones de la vida diaria".

—MATT RULE, DIRECTOR DE JÓVENES, DISTRITO DEL SUR DE TEXAS DE LAS ASAMBLEAS DE DIOS

"Dios está usando a David Hertweck de una manera soberana para hablar a una generación. La habilidad de David para enfrentar temas divinos y presentarlos con sencillez y claridad es un regalo para el cuerpo de Cristo. *La Palabra y el Espíritu* es una bella ilustración de ese regalo. En este libro David ha tomado verdades eternas y las ha comunicado en términos sencillos que impactarán profundamente a los estudiantes".

—SCOTTY GIBBONS, ESTRATEGA NACIONAL PARA LOS JÓVENES DE LAS ASAMBLEAS DE DIOS

"Este recurso es poderoso y conmovedoramente práctico. Personalmente he disfrutado su contenido y me he sentido desafiado a evaluar lo que conozco de la Palabra y el Espíritu".

—TIM MATTHEWS JR., DIRECTOR EJECUTIVO DEL MINISTERIO 2:5

"David Hertweck entrega una visión oportuna y poderosa de cómo puede ser el discipulado cuando se enfoca e integra la Palabra de Dios y el Espíritu de Dios. ¡Este libro es oportuno y pertinente!"

—CHRIS RAILEY, DIRECTOR DE DESARROLLO PARA EL LIDERAZGO Y LA IGLESIA, CENTRO NACIONAL DE RECURSOS Y LIDERAZGO DE LAS ASAMBLEAS DE DIOS

LA PALABRA

— *y* —

EL ESPÍRITU

Descubre cómo obran en tu vida el
poder de las Escrituras y el Espíritu Santo

DAVID HERTWECK

GPH®

A mi padre y a mi madre,
gracias por enseñarme y mostrarme siempre cómo
se ama la Palabra y al Espíritu.

ÍNDICE

RECONOCIMIENTOS

El catalizador de *La Palabra y el Espíritu* fue un sermón del Dr. Timothy Keller, titulado "La Doctrina de la Palabra". Le doy crédito y gratitud a él por ese sermón, que causó un profundo impacto en la manera en que hoy me acerco a las Escrituras. Tengo la esperanza de que algunos de sus principios sean certeramente comunicados en *La Palabra y el Espíritu*. Puedes (y deberías) escuchar ese sermón en la web, visitando el siguiente portal: http://sermons2.redeemer.com/sermons/doctrine-word.

En el capítulo 3 de este libro, menciono y cito contenido de la obra de Andy Stanley *La Mejor de las preguntas* (Editorial Unilit, enero de 2006). Consíguela y léela; es un excelente libro.

Agradezco profundamente a los líderes de jóvenes y a los jóvenes de Nueva York que revisaron este recurso y me dieron valiosas sugerencias. Andrea Rabbia y Jon Rogers fueron irremplazables en la redacción inicial de este libro. ¡Gracias! También quiero expresar mi sincera gratitud al equipo de edición, concretamente a Lindy y Carol, por su arduo trabajo en este proyecto. Mi gratitud para Mi Iglesia Saludable e Influence Resources, sobre todo a Steve y a Susan, por convertir mi primer libro en un proceso tan sencillo y agradable. Heath Adamson y Scotty Gibbons, gracias por su liderazgo y por su amistad.

Le quiero agradecer al Distrito de Nueva York de las Asambleas de Dios el que me haya concedido el alto honor de servir como director de jóvenes del distrito. Es un gozo y un privilegio trabajar con líderes de tanta calidad como los de Nueva York. Gracias también a mis numerosos amigos en la vida y en el ministerio. Ustedes saben a quiénes me refiero.

Toda una vida de gratitud a mi familia: mi hermana Lisa, mi hermano Joshua, mis abuelos, tías, tíos, primos, sobrinos, sobrinas, y a la familia de Erin: ¡ustedes han enriquecido mi vida! Papá y mamá, ustedes han invertido desinteresadamente en mi vida. Les estoy muy agradecido por sus oraciones, su apoyo y su ejemplo. Dios los ha usado para ayudarme a ver y amar a Jesús. No hay nada que pudiera agradecer más que esto.

Erin, Lilia, Caraline y Madelaine, le doy gracias por ustedes a Jesús. Erin, tú eres la persona más generosa, amorosa y encantadora que conozco, y una magnífica madre. Para mí es una bendición inmerecida compartir mi vida contigo. Lilia, Caraline y Madelaine, ustedes son la luz de nuestra vida. Lo que pedimos a Dios por ustedes ahora y siempre, es que su corazón siempre descanse y se regocije en la bondad de Jesús. Su vida y su obra es todo lo que necesitarán para avanzar en su propia travesía en este mundo.

Doy gracias al Padre, al Hijo y al Espíritu porque amó, buscó y rescató a un pecador como yo. Dios no me debía nada, pero me lo dio todo, y le estaré agradecido por la eternidad.

DAVID HERTWECK
@DAVIDHERTWECK

INTRODUCCIÓN: CÓMO USAR ESTA GUÍA DE ESTUDIO

Puedes utilizar este recurso de cuatro diferentes maneras:

1. **Para tu estudio y aplicación personal.** Observarás que hemos proporcionado lugares donde te animamos a llevar un diario, y a escribir lo que piensas, a anotar recuerdos, o simplemente como ayuda para que proceses lo que estés escuchando. Te animo a marcar las páginas, subrayar las palabras, destacar las frases significativas, e incluso hacer tus propias preguntas, todas ellas con la Biblia en mano. Dedica un tiempo a buscar en las Escrituras conforme lees el libro. ¡Te aseguro que ésta es absolutamente, la mejor manera de obtener el mayor provecho de este libro!

2. **En un grupo pequeño, o en un retiro.** Deja que el espacio para los comentarios y la reflexión interior guíen los comentarios de tu grupo.

3. **Si eres líder, úsalo como catalizador para ocho mensajes: cuatro de la sección "La Palabra" y cuatro de la sección "El Espíritu".**

4. **También puedes poner el libro sobre una mesa, y poner sobre él tu vaso con líquido frío o caliente, así por lo menos no dejas una huella que dañe el barniz de tus muebles.**

Cualquiera que sea la forma en que uses el libro, mi oración es que te desafíe a cavar más profundo con la meta de que aprendas cuál es la razón de que crees lo que crees acerca de ti mismo, de la Palabra de Dios y del Espíritu Santo, y de la manera en que ellos obran en tu vida. Cuando se trata de tu andar en la fe, la Palabra escrita de Dios y el Espíritu Santo forman una combinación imprescindible. Conozco gente que los hacen incompatibles, pero cometen un gran error. Escoger entre la verdad de la Palabra y la obra del Espíritu, es lo mismo que escoger entre inhalar y exhalar. Vamos; dedícate durante diez segundos a escoger entre ambas cosas. Y ahora, detente. No; en serio: ¡detente!

Este libro se podría convertir en un recurso al cual podrás acudir una y otra vez. Si te ayuda a aprender y a crecer, te ruego que lo compartas con otras personas. ¡Y en el peor de los casos, te servirá como un excelente posavasos!

"No me he apartado de tus ordenanzas, porque me has enseñado bien. ¡Qué dulces son a mi paladar tus palabras! Son más dulces que la miel. Tus mandamientos me dan entendimiento; ¡con razón detesto cada camino falso de la vida. Tu palabra es una lámpara que guía mis pies y una luz para mi camino" (Salmo 119:102–105).

LA PALABRA

"PUES LA PALABRA DE DIOS ES VIVA Y PODEROSA.
ES MÁS CORTANTE QUE CUALQUIER ESPADA DE DOS FILOS;
PENETRA ENTRE EL ALMA Y EL ESPÍRITU,
ENTRE LA ARTICULACIÓN Y LA MÉDULA DEL HUESO.
DEJA AL DESCUBIERTO NUESTROS PENSAMIENTOS
Y DESEOS MÁS ÍNTIMOS"

HEBREOS 4:12

Yo tuve la bendición de crecer en la iglesia. Mis primeros recuerdos sobre mi aprendizaje acerca de la Biblia también evocan unos graciosos cantitos que es posible que tú también conozcas (por ejemplo, había uno que decía: "La B-I-B-L-I-A … es el Libro de mi Dios…"). Después cantábamos que debíamos "confiar solo en la Palabra de Dios", y después volvíamos a deletrear la palabra "Biblia"… aunque nunca supe muy bien por qué. Al parecer, cuando deletreábamos las palabras, las sentíamos más I-M-P-O-R-T-A-N-T-E-S. Entiendo que aunque estás leyendo este librito, posiblemente puedes contar con los dedos de una mano las veces que has estado en una iglesia. Tal vez estás explorando el cristianismo, pero tienes preguntas. Quiero que sepas que no estás solo. Según un reciente estudio, la tercera parte de las personas menores de treinta años de edad no están afiliadas a una iglesia.

En cuanto a mí, empecé a oír de la Biblia desde muy temprano en mi vida. Por lo general, su contenido se reducía a las historias bíblicas que oía en la hora de la escuela dominical:

- Que a Jonás se lo tragó un gran pez y pudo salir vivo (aquí, la moraleja era: "No huyas de Dios, a menos que te gusten las tormentas y quieras pasar tres noches en el estómago de un pez").

- Que un jovencito llamado David mató a un guerrero gigantesco llamado Goliat ("Sé valiente, y lleva contigo una honda dondequiera que vayas").

- Que Daniel se salvó de que lo devoraran unos leones hambrientos ("Ora, aunque te maten … o algo así").

¿Cuál es tu primer recuerdo de haber leído la Biblia o haber aprendido algo de ella?

Cuando eras menor, ¿cuáles eran algunas de tus ideas acerca de la iglesia, o de asistir a la iglesia?

Conforme fui creciendo, aprendí que la Biblia no es solamente un conjunto de historias asombrosas que se pueden acompañar de ilustraciones muy hermosas en un franelógrafo (¡tal vez necesites consultar Google para saber qué es un "franelógrafo"!). La Biblia también dice mucho acerca de las cosas que yo debo hacer, pero mayormente, habla de las que se supone que *no* debo hacer.

Escribe algunas de las cosas que la Biblia dice que debes o que no debes hacer.

¿Piensas tú también que la Biblia solo es un montón de reglas? ¡Te confieso que cuando ya fui mayor, no me gustó tanto la Biblia como cuando cantaba esas tonadas pegajosas acerca de ella, y admiraba a los héroes bíblicos, como David y José! En realidad, leía mi Biblia sólo cuando me sentía culpable de no haberla leído lo suficiente. Aprendí a apreciar ciertas partes de la Biblia y a evitar otras: las partes aburridas, las partes confusas y las partes que me decían que no debía hacer aquello que a veces yo quería. Pensaba que la Biblia establecía las reglas para la vida; no veía la Palabra de Dios como algo que da vida. ¡Cuán equivocado estaba!

Lee a continuación Juan 6:63:

"Solo el Espíritu da vida eterna; los esfuerzos humanos no logran nada. Las palabras que yo les he hablado son espíritu y son vida".

¿Qué dice Jesús acerca de tus palabras? ¿Por qué Él quiere que sepas esto?

La Biblia es el libro de mayor venta de todos los tiempos. Su mensaje ha causado un impacto único en el corazón de las personas en el curso de la historia. Ningún otro libro ha sido más leído, escudriñado, discutido, debatido, amado u odiado. Tal vez creciste igual que yo (en la iglesia, aprendiendo acerca de la Biblia), y es posible que tengas una opinión definida acerca de ella.

SEGÚN EL LIBRO GUINNESS DE LOS RÉCORDS MUNDIALES, "HAY MUY POCA DUDA DE QUE LA BIBLIA SEA EL LIBRO MÁS VENDIDO Y MÁS AMPLIAMENTE DISTRIBUIDO EN EL MUNDO ENTERO".[1] LOS ÚLTIMOS CÁLCULOS INDICAN QUE SE HAN IMPRESO MÁS DE CINCO MIL MILLONES DE EJEMPLARES.

En caso de que alguna vez te hayas preguntado si la Biblia es veraz y digna de confianza (yo sí sé que me lo he preguntado), los evangelios (Mateo, Marcos, Lucas y Juan, las cuatro crónicas sobre la vida y el ministerio de Jesús) nos dan las razones de que podemos confiar que la Biblia es veraz. En su libro *En defensa de Dios* (Grupo Editorial Norma, 2009), el escritor y pastor Tim Keller presenta varios conceptos en cuanto a la veracidad de las Escrituras.[2] Aquí he resumido algunos de ellos:

1. **El factor tiempo.** Una leyenda tarda siglos en formarse. Los evangelios circularon, fueron leídos y aceptados durante un tiempo en que todavía estaban vivas muchas personas que habían visto a Jesús. Estos cuatro libros de la Biblia fueron

escritos entre cuarenta y sesenta años después de
la muerte de Jesús, mientras que Pablo escribió
sus cartas unos quince o veinte años después de
la muerte de Jesús. Incluso el evangelio de Lucas
sostiene que él recibió su informe sobre la vida de
Jesús de testigos presenciales que aún estaban vivos:
"Muchas personas han intentado escribir un relato
de los hechos que se han cumplido entre nosotros.
Se valieron de los informes que circulan entre
nosotros dados por testigos oculares, los primeros
discípulos. Después de investigar todo con esmero
desde el principio, yo también decidí escribir un
relato cuidadoso para ti, muy honorable Teófilo,
para que puedas estar seguro de la veracidad de
todo lo que te han enseñado" (Lucas 1:1–4).

2. **El contenido contraproducente.** Es frecuente que
los evangelios hagan parecer a los discípulos como
personas poco inteligentes. De ninguna manera
se habría podido inventar todo esto, y sobre todo
la crucifixión, cuando lo que querían hacer era
propagar un movimiento. Las personas con las
que hablaron de inmediato habrían supuesto que
quien era crucificado, era también un criminal.
Hasta algunos detalles como las mujeres que
fueron las primeras en llegar a la tumba, nunca
se habrían incluido, a menos que realmente
hubieran sucedido, porque en aquel momento de
la historia, no se consideraba a las mujeres como
testigos dignos de confianza. La única razón digna
de crédito de que todos estos incidentes fueran

incluidos en los relatos de los evangelios, es que realmente sucedieron.

3. **El impacto que causó en los apóstoles.** Observa también la vida y la muerte de los apóstoles. Estos dedicaron el resto de su vida a proclamar la vida, la muerte y la resurrección de Jesús, y a establecer la Iglesia. Los doce discípulos originales, con la excepción de Judas, fueron perseguidos, y algunos murieron por ser seguidores de Cristo. Los aserraron, los quemaron, los traspasaron con lanzas, fueron decapitados y crucificados. Y todo por su fidelidad a aquel a quien habían seguido y visto morir, y de cuya resurrección habían sido testigos después de tres días. Nadie consagra así su vida (o su muerte) a ningún tipo de leyenda urbana.

4. **Los detalles que se nos informan en los evangelios.** La estructura literaria de los evangelios también es demasiado detallada para ser una leyenda. Las antiguas obras de ficción no eran como las modernas, que incluyen detalles y diálogos. En la antigüedad, las historias ficticias tenían pocos detalles. Los evangelios están llenos de detalles; tantos, que la única explicación de esos detalles es que fueron testigos presenciales quienes los registraron por escrito. No eran simple ficción.

¡Nos podemos sentir agradecidos por la mucha atención que se prestó a los detalles!

Los autores cristianos llamados "apologetas", líderes del pensamiento y eruditos bíblicos que defienden o apoyan su fe, nos proporcionan muchas evidencias de la veracidad de la existencia de Dios, y de la Biblia. Si quieres más información, puedes consultar los siguientes libros:

- *En defensa de Dios,* por Tim Keller (Grupo Editorial Norma)
- *Dios no está muerto: La evidencia de Dios en una época de incertidumbre,* por Rice Broocks (Casa Creación)
- *I Don't Have Enough Faith to Be an Atheist,* por Norman L. Geisler y Frank Turek (Crossway)
- *El caso de la fe,* por Lee Strobel (Vida)
- *¿Puede el hombre vivir sin Dios?,* por Ravi Zacharias (Grupo Nelson)
- *Nueva evidencia que demanda un veredicto,* por Josh McDowell (Casa Bautista de Publicaciones)

Si viste la película *Dios no está muerto,* sabes ya que hay un escepticismo cada vez mayor respecto a la realidad de Dios y de la Biblia. Lo más probable es que haya gente en tu vida y alrededor de ella que se considere atea. Según la revista *Newsweek,* uno de los segmentos de creencias con más rápido crecimiento en el día de hoy entre la juventud es el ateísmo. Por eso es importante que sepas lo que crees, y por qué lo crees. Pedro, el discípulo de Jesús, escribió lo que sigue: "Si alguien les pregunta acerca de la esperanza que tienen como creyentes, estén siempre preparados para dar una explicación" (1 Pedro 3:15).

¿Cómo se revelan las Escrituras en tu vida?

¿Cómo influyen las Escrituras en la manera en que te relacionas con tus amigos y tu familia? ¿Cómo te ayuda a seguir adelante en la vida día tras día?

Por el poder del Espíritu Santo, la Palabra de Dios te *despierta*, te *alerta* y te *gana*. En los tres próximos capítulos veremos cada uno de estos tres aspectos. El capítulo 2 habla de la manera en que la Biblia nos despierta y nos llama a dejar la falsa identidad conforme a la cual vivimos y las falsas realidades en medio de las cuales vivimos. El capítulo 3 muestra lo necesitados que estamos de sabiduría, y cómo la Palabra de Dios nos alerta. El capítulo 4 nos ayuda a reflexionar sobre la manera en que los mandamientos de Dios pueden hacer que tu corazón se llene de un auténtico gozo. ¡Su Palabra nos gana!

Al final de esta sección sobre la Palabra de Dios, he colocado treinta y un días de pasajes bíblicos escogidos para que los leas y les apliques el modelo de estudio bíblico que presenta este libro. Mientras lees las Escrituras, te animo a compartir lo que estás aprendiendo con un líder de jóvenes, un miembro de tu familia o un amigo.

Mi oración será que aumenten en ti el amor por la B-I-B-L-I-A y tu anhelo de conocerla mejor.

LA PALABRA ME DESPIERTA

"PUES TODOS USTEDES SON HIJOS DE LA LUZ Y DEL DÍA;
NO PERTENECEMOS A LA OSCURIDAD Y A LA NOCHE.
ASÍ QUE MANTÉNGANSE EN GUARDIA, NO DORMIDOS
COMO LOS DEMÁS. ESTÉN ALERTA Y LÚCIDOS"

1 TESALONICENSES 5:5-6

M
e encanta sentir el olor del tocino cuando despierto por la mañana. Hasta ahora, que estoy escribiendo estas palabras, se me hace agua la boca. También me encanta despertar sin la desagradable ayuda de un reloj despertador. Desde que me casé, me encanta despertar y ver junto a mí a la mujer más bella del mundo. Estoy convencido de que todos tenemos algo que nos gusta sentir cuando despertamos. Tal vez a ti te encanta despertar con la fragancia del café recién colado … ¡o con el panorama de un día nevado!

Describe tu manera preferida de despertar.

También hay maneras de despertar que no nos agradan.

Cuando yo era adolescente, mi papá me despertaba para que fuera a la escuela. Él entraba en mi cuarto, abría las persianas de mi ventana y cantaba a toda voz uno de esos cantos de adoración de la vieja ola que hablaba de "levantarte, resplandecer y que tus enemigos sean esparcidos". Él no lo sabía, pero en aquel momento, *él mismo* era el enemigo que yo quería esparcir.

Después, en los primeros años de la universidad, uno de mis amigos trabajaba en un cine, y había conseguido una máscara de propaganda que resplandecía en la oscuridad, como la que se usó en la famosa película de horror *El grito*. Vimos claramente que Dios nos había dado una oportunidad, y no quisimos desperdiciarla. Una noche, nos colamos en los cuartos de varios de nuestros amigos del dormitorio y despertamos a unas pobres e inocentes víctimas de nuestra broma. Los gritos y los puñetazos que tiraron al aire solo fueron una diversión extra para nosotros.

Describe cómo fue tu peor "despertar".

Este capítulo habla de la manera en que la Palabra de Dios nos despierta. Dediquemos unos minutos para leer el Salmo 19:7–14:

"Las enseñanzas del Señor son perfectas, reavivan el alma.
Los decretos del Señor son confiables, hacen sabio al sencillo.
Los mandamientos del Señor son rectos; traen alegría al corazón.
Los mandatos del Señor son claros; dan buena percepción para vivir.

La reverencia al Señor es pura, permanece para siempre.

Las leyes del Señor son verdaderas, cada una de ellas es imparcial.

Son más deseables que el oro, incluso que el oro más puro.

Son más dulces que la miel, incluso que la miel que gotea del panal.

Sirven de advertencia para tu siervo, una gran recompensa para quienes las obedecen.

¿Cómo puedo conocer todos los pecados escondidos en mi corazón? Límpiame de estas faltas ocultas.

¡Libra a tu siervo de pecar intencionalmente! No permitas que estos pecados me controlen.

Entonces estaré libre de culpa y seré inocente de grandes pecados.

Que las palabras de mi boca y la meditación de mi corazón sean de tu agrado, oh Señor, mi roca y mi redentor".

La primera parte del versículo 7 dice: "Las enseñanzas del Señor son perfectas, reavivan el alma". ¿Qué significa el Salmo 19:7 para tu vida?

En este versículo, la palabra *"alma"* se puede entender como el "yo"; la persona que tú eres *en realidad*. Piensa en esta verdad: ¡La Biblia te puede reavivar y mostrarte quién eres!

¡La Palabra te despierta!

En el verano de 2010, llegó a la gran pantalla la película *Inception* (conocida en español como *Origen* o *El origen*). El tema general de esta película es una tecnología futurista que permite que ciertos expertos entren a los sueños de las personas y planten ideas en su mente sin que la persona que sueña se dé cuenta. Estos expertos se mueven libremente dentro de los mundos de ensueño que han creado cuidadosamente, y usan la tecnología para engañar a la persona que duerme, de manera que piense que ese sueño es una realidad.

Incluso los expertos pueden quedarse dormidos y soñar con esos mundos creados. De hecho, hasta pueden entrar a esos sueños usando la misma tecnología: "un sueño dentro de otro sueño". Cuando lo hacen, entran cada vez de manera más profunda en el mundo del sueño y se van alejando más de la realidad. Cuanto más tiempo permanecen ahí, tanto más posible es que el sueño se convierta en su realidad. La única manera de que puedan volver a la realidad es con la ayuda de un "golpe", un suceso violento o extremo que se produzca en el mundo real, como un tiro de revólver o un accidente de automóvil.

Hay ocasiones en que la Biblia es el "golpe" que todos necesitamos para despertar, para salir de nuestras falsas realidades y sacudirnos de nuestra falsa identidad. A lo largo de toda mi vida, he visto personas que han dejado la realidad a la cual las Escrituras un día los llamó, para dejar que alguna otra cosa dé forma a su manera de ver la realidad, la verdad y su propio yo.

Tenemos la tendencia de dejar que la manera en que otras personas nos ven sea lo que defina nuestra realidad. Nos es muy fácil creer que somos lo que nuestra familia y nuestros amigos dicen de nosotros. De igual manera, tendemos a creer las mentiras que nos dice la sociedad acerca de aquello que nos hace dignos de algo, y de la manera en que podemos "mejorar" por nuestro propio esfuerzo. Es posible que tú mismo hayas tenido un entrenador o un maestro en la escuela que te ha convencido de que puedes rendir de buena manera solamente cuando estás sometido a una intensa presión.

¿Cómo te ven tus amigos y tu familia?

Día tras día somos bombardeados con mensajes. Unos son evidentes, y otros están ocultos. Los expertos en mercadeo nos dicen que nuestra imagen es lo único que importa. Es posible que aceptemos la mentira de que, a menos que le simpaticemos a la gente, nos aprueben y quieran estar con nosotros, no valemos ni siquiera el espacio que ocupamos.

¿Te has detenido a pensar alguna vez que eres parte de la generación más "repleta de publicidad" de todos los tiempos, y que cada uno de los anuncios que aparecen en una revista, o en un comercial de la televisión te está contando una historia acerca de lo que es realmente importante y de lo que es verdadero? Escuchamos y vemos esas historias una y otra vez, y muy pronto comenzamos a manifestarlas en nuestra vida. ¿El resultado? Que terminamos con una amnesia espiritual. Nos olvidamos de quiénes somos.

¿Cuáles son las mentiras que le dice la sociedad a nuestra generación? ¿Cuál es la más convincente de todas?

¿Cuáles son las mentiras que creo, o he creído, acerca de mí mismo?

Solo Dios te puede despertar para mostrarte quién eres en realidad. Veamos algunos textos bíblicos que proclaman quiénes somos en Cristo… y qué somos sin Él.

¿QUIÉN DICE LA PALABRA DE DIOS QUE SOY EN CRISTO?

- "Pero a todos los que creyeron en él y lo recibieron, les dio el derecho de llegar a ser hijos de Dios" (Juan 1:12).

- "Ya no los llamo esclavos, porque el amo no confía sus asuntos a los esclavos. Ustedes ahora son mis amigos, porque les he contado todo lo que el Padre me dijo" (Juan 15:15).

- "Pues somos la obra maestra de Dios. Él nos creó de nuevo en Cristo Jesús, a fin de que hagamos las cosas buenas que preparó para nosotros tiempo atrás" (Efesios 2:10).

- "Pero ustedes no son así porque son un pueblo elegido. Son sacerdotes del Rey, una nación santa, posesión exclusiva de Dios. Por eso pueden mostrar a otros la bondad de Dios, pues él los ha llamado a salir de la oscuridad y entrar en su luz maravillosa" (1 Pedro 2:9).

¿Cuál es tu verdadera identidad; quién eres en Cristo (a partir de estos versículos de la Biblia)?

¿CÓMO SOY YO SIN CRISTO?

La Biblia nos muestra lo llenos de defectos y lo perdidos que estamos todos, *y* también lo amados y aceptados que somos todos. Los seguidores de Cristo todavía tenemos esa inclinación al pecado; todavía luchamos, pero nuestra fortaleza para esas batallas procede de saber que Dios nos ama profundamente, gracias a Cristo. Analiza estos versículos:

"Si afirmamos que no tenemos pecado, lo único que hacemos es engañarnos a nosotros mismos y no vivimos en la verdad" (1 Juan 1:8).

"El corazón humano es lo más engañoso que hay, y extremadamente perverso ¿Quién realmente sabe qué tan malo es?" (Jeremías 17:9).

"Nadie es realmente sabio, nadie busca a Dios. Todos se desviaron, todos se volvieron inútiles. No hay ni uno que haga lo bueno, ni uno solo" (Romanos 3:11–12).

La Biblia nos dice que somos peor de lo que pensamos. Mi esposa y yo no hemos dedicado tiempo ni energía para enseñarle a nuestras hijas a ser egoístas; al menos, no lo hemos hecho de manera intencionada. Les enseñamos a compartir, a ser bondadosas, a pensar en los demás. ¿Sabes algo? Esas características positivas no nos vienen de manera natural. La tendencia del ser humano consiste en robarle su juguete a otro, y después usarlo para golpearle la cabeza.

La Biblia nos enseña que no somos pecadores porque pecamos. La realidad es exactamente opuesta. *Pecamos porque somos pecadores.* Nacimos ya inmerzos en esta naturaleza de pecado. Somos rebeldes y estamos programados para sacudir el puño y amenazar a todo el que se nos atraviese en el camino o nos diga lo que tenemos que hacer.

Reflexiona en el texto de Romanos 7:21–25a, que aparece a continuación, y sobre lo que habla Pablo acerca de su naturaleza de pecado. Recuerda que en su vida pasada, antes de conocer a Dios, él había perseguido a los cristianos.

"He descubierto el siguiente principio de vida: que cuando quiero hacer lo que es correcto, no puedo evitar hacer lo que está mal. Amo la ley de Dios con todo mi corazón, pero hay otro poder dentro de mí que está en guerra con mi mente. Ese poder me esclaviza al pecado que todavía está dentro de mí. ¡Soy un pobre desgraciado! ¿Quién me libertará

de esta vida dominada por el pecado y la muerte? ¡Gracias a Dios! La respuesta está en Jesucristo nuestro Señor".

¿Por qué dice Pablo: "el mal está en mí"?

¿Cómo puedes mantenerte enfocado en Jesús de manera que no sigas siendo esclavo del pecado?

Gracias a Dios, la Biblia nos despierta para que veamos cuán pecadores somos. El pecado es un problema mucho mayor que la mala conducta. Tal como lo indica Pablo anteriormente, en Romanos 7, es nuestra naturaleza misma. El hecho de despertar a la realidad de nuestros defectos nos mantiene humildes delante de Cristo. Esa comprensión nos protege de cometer el fatal error de creer que nos podemos salvar a nosotros mismos. Impide que pensemos que somos mejores que los demás, y que los miremos con desdén. También estamos más dispuestos a perdonar los defectos de los demás... ¡porque sabemos que también nosotros necesitamos tanto perdón como ellos! Y nos mantiene agradecidos por haber recibido ese perdón.

La Biblia también nos dice que Dios nos ama más de lo que podemos imaginar. Casi es "demasiado bueno para ser cierto" que Dios nos ame de una manera incondicional... Sin embargo, la palabra "incondicional" es la que distingue ese amor que Dios nos tiene.

¿Has pensado alguna vez por qué nos atraen tanto las novelas románticas? Yo creo que se debe a que todos queremos que nos acepten tal como somos, y casi todas las novelas románticas fomentan en nosotros esta clase de falsa esperanza. Esta es la progresión típica de esas novelas:

- El muchacho conoce a la muchacha.

- El muchacho y la muchacha se comienzan a gustar.

- Su relación se basa en una mentira que es una verdad a medias.

- La verdad sale a la luz de manera dramática (y predecible), y esto parece acabar con la relación.

- El montaje musical de esas novelas suele ser melancólico y solitario.

- Finalmente, ellos resuelven la situación, y terminan aceptándose el uno al otro tal como son.
- Y viven felices para siempre.

Describe tu novela romántica favorita.

¿Has visto esa película más de una vez? Me imagino que sí. En lo más profundo de nosotros mismos, todos queremos creer que hay alguien "en algún lado" que nos amará totalmente... aunque nos conozca totalmente.

Tengo una buena noticia para ti. Sí, hay alguien que te conoce íntimamente, y que te ama a pesar de tus defectos. Gracias a Jesús, a su vida, su muerte y su resurrección, podemos comparecer ante Dios, justos y aprobados. En 1 Juan 4:9–10 se nos dice: "Dios mostró cuánto nos ama al enviar a su único Hijo al mundo, para que tengamos vida eterna por medio de él. En esto consiste el amor verdadero: no en que nosotros hayamos amado a Dios, sino en que él nos amó a nosotros y envió a su Hijo como sacrificio para quitar nuestros pecados".

Nuestro Creador nos ama profundamente a todos y cada uno de nosotros, hasta al peor de los pecadores (¿recuerdas a Pablo?) o de los terroristas que jamás haya existido. Dios está dispuesto a redimirnos y a darnos un nuevo comienzo en la vida, sin volver a sacar a la luz nuestras ofensas del pasado. En Hebreos 8:12 se nos recuerda la promesa de Dios: "Perdonaré sus maldades y nunca más me acordaré de sus pecados".

Una de las falsas realidades que aceptamos muchas veces es la de que nosotros hemos "hallado" a Dios. Lo anduvimos buscando y por medio de una búsqueda larga y sincera, o de algunas decisiones y acciones correctas, nos salvamos a nosotros mismos … con la ayuda de Dios. Sin embargo, la Biblia no deja que vivamos en esa falsa realidad.

Lo cierto es lo contrario. ¡Es Dios quien nos busca a nosotros! Nosotros huimos de Él; Él nos sigue. Cuando todavía estábamos alejados, Él envió a su Hijo para que nos buscara y nos salvara … a pesar de lo caro que les costó, tanto al Padre como al Hijo. Si nuestro corazón puede ser hecho nuevo por completo, es porque Dios es quien nos ha buscado a nosotros.

El conocimiento de la verdad sobre lo profundamente amado y aceptado que eres, te mantiene lleno de esperanza, te da seguridad y te permite amar a los demás. También te hace libre para ser sincero en cuanto a tu debilidad… y finalmente te guía a un verdadero arrepentimiento. Si no despiertas día tras día a esta realidad, entonces malgastarás todas tus energías buscando la aceptación y la aprobación que solo podremos alcanzar si depositamos nuestra confianza en Jesús.

"QUEDA CLARO QUE NO ES MI INTENCIÓN GANARME EL FAVOR DE LA GENTE, SINO EL DE DIOS. SI MI OBJETIVO FUERA AGRADAR A LA GENTE, NO SERÍA UN SIERVO DE CRISTO" (GÁLATAS 1:10).

El verdadero arrepentimiento consiste en mucho más que sólo decir que lamentas haber fallado, o haber hecho algo indebido. Es mucho más que sentir remordimientos por lo sucedido. Es más incluso que dejar la mala conducta para obrar correctamente. El verdadero arrepentimiento es un cambio completo en tu confianza y tu esperanza. Es un giro total de ciento ochenta grados, desde buscar la aprobación en las cosas y en la gente, a confiar plenamente en Jesús. El arrepentimiento consiste en buscar a Jesús tal como Él es realmente y confiar que en la cruz Él cargó sobre sí, tanto con tu culpa, como con el castigo de tu pecado.

Lee este texto, tomado de 2 Corintios 7:10:

"Pues la clase de tristeza que Dios desea que suframos nos aleja del pecado y trae como resultado salvación. No hay que lamentarse por esa clase de tristeza; pero la tristeza del mundo, a la cual le falta arrepentimiento, resulta en muerte espiritual."

¿Cuál es la diferencia entre el "arrepentimiento mundano" y el verdadero "arrepentimiento"? ¿Por qué es tan peligroso el arrepentimiento mundano?

Uno de mis autores favoritos, quien también es un conocido pastor, explica una útil manera de describir la verdad del Evangelio. La presenta de esta forma: "Somos 'tan pecadores como nadie podría imaginar, pero tan amados como nadie podría esperar', gracias a Jesús. El único lugar donde con seguridad podemos encontrar esta maravillosa llamada a despertar es la Biblia. ¡La Palabra nos despierta!

Hace poco un amigo me habló de un enamorado de los juegos que dedica ocho horas diarias a un videojuego del tipo "reality". Ese hombre vive su vida en un mundo que en realidad no existe; es una falsa realidad y una falsa identidad. De hecho, este jugador se envuelve tanto en su mundo, que debe poner el timbre de un despertador para que suene cada cuatro horas, así no olvida que debe almorzar e ir a su trabajo de noche. ¡Necesita un despertador que lo alerte de su vida real! ¿Puedes imaginar semejante cosa?

¿Cuáles son las falsas identidades que asumes?

Cuando analizo estas cosas, me parece que tú y yo no somos tan diferentes. Necesitamos que la Biblia nos despierte; nos golpee para que volvamos a la realidad. Lo que está en riesgo es mucho más que olvidar de prepararnos un emparedado o que nos dejen cesantes por no ir al trabajo. Es nuestra alma misma la que está en juego.

La Palabra te despierta de esas falsas realidades para que vivas en tu verdadera identidad. ¿Qué necesitas cambiar para dejar que la Palabra te despierte?

LA PALABRA ME ALERTA

LAS ENSEÑANZAS DEL SEÑOR. . . SIRVEN DE ADVERTENCIA
PARA TU SIERVO, UNA GRAN RECOMPENSA
PARA QUIENES LAS OBEDECEN

SALMO 19:11

uando yo estaba comenzando mis estudios universitarios, estuve dos meses en la ciudad de Nueva York. Mis compañeros de clase y yo vivíamos en Queens, y nos pasábamos el tiempo ayudando a la gente y sirviendo a las iglesias en toda la ciudad de Nueva York, además de recibir un par de clases.

Todos los lunes teníamos el día libre. Nos levantábamos temprano, desayunábamos, comprábamos fichas del tren metropolitano y nos dirigíamos a Manhattan. Nos pasábamos el día recorriendo la ciudad más maravillosa del mundo, viendo los lugares interesantes, entrando a las tiendas y comiendo; ¡era muy divertido!

Quince años después, mi ministerio presente me lleva con frecuencia a la ciudad de Nueva York. Cualquiera que sea el principal motivo de mi visita, yo siempre tengo un segundo motivo: ¡comer una excelente comida! De hecho, la planifico.

Recorro la Internet para ver cuáles son las mejores pizzerías, los últimos lugares que han abierto donde se venden postres inigualables, y las cocinas de comidas étnicas más auténticas. Soy un hombre con una misión.

Cuando tenía dieciocho años y comía en la ciudad de Nueva York todos los lunes, reconozco que me conformaba con la comida chatarra. Tenía a mi alrededor los mejores restaurantes del mundo, pero seguía insistiendo en hamburguesas de carne procesada y pizzas genéricas cada lunes. Me gustaría inventar una máquina que me llevara al pasado para darme un bofetón y gritarme: "*¡Come buena comida, necio!*"

En cualquier momento de nuestra vida, podemos mirar cinco años atrás o más, y recordar lo tontos que fuimos. Sabíamos poco acerca del mundo, de las relaciones y de nuestro propio corazón. A muchos de nosotros nos agradaría volver al pasado para advertirle a nuestro yo del pasado lo absurdas que fueron nuestras decisiones. Cuando miramos al pasado, decimos cosas como estas: "*No puedo creer que yo hiciera eso, pensara eso, creyera eso, quisiera eso...*".

Todos somos expertos en la persona que una vez fuimos.

 Si pudieras regresar a diez años atrás, ¿qué consejo tú mismo te darías?

Y ahora, piensa esto. Dentro de diez años, mirarás al que eres hoy, y desearás abofetearte a ti mismo por ser tonto, ingenuo, mal informado o carente de información. Algún día desearás con desesperación haber hecho ciertas cosas de otra manera; pero por supuesto, ¡todavía no sabes cuáles serán esas cosas!

¿QUÉ QUIERES DECIR CON ESTO?

Me refiero a la sabiduría. Todos la necesitamos... y es la Palabra la que nos la entrega. La Biblia *nos alerta* para mantenernos en el camino recto. Todo lo que debemos hacer es seguir su consejo.

Una vez más, profundicemos en el Salmo 19:7–14:

"Las enseñanzas del Señor son perfectas, reavivan el alma.
Los decretos del Señor son confiables, hacen sabio al sencillo.
Los mandamientos del Señor son rectos; traen alegría al corazón.
Los mandatos del Señor son claros; dan buena percepción para vivir.
La reverencia al Señor es pura, permanece para siempre.
Las leyes del Señor son verdaderas, cada una de ellas es imparcial.
Son más deseables que el oro, incluso que el oro más puro.
Son más dulces que la miel, incluso que la miel que gotea del panal.

Sirven de advertencia para tu siervo, una gran recompensa para quienes las obedecen.

¿Cómo puedo conocer todos los pecados escondidos en mi corazón? Límpiame de estas faltas ocultas.

¡Libra a tu siervo de pecar intencionalmente! No permitas que estos pecados me controlen.

Entonces estaré libre de culpa y seré inocente de grandes pecados.

Que las palabras de mi boca y la meditación de mi corazón sean de tu agrado, oh Señor, mi roca y mi redentor".

¿Qué dice el Salmo 19 acerca de la Palabra de Dios, sus planes, sus decisiones y su orientación para tu vida?

Una mañana me preparaba para ir al trabajo, mientras mi familia seguía durmiendo, así que traté de hacer el menor ruido posible. Cuando estaba aún en mi habitación, con las luces apagadas y vistiéndome en el silencio de la mañana, extendí la mano derecha hacia donde estaba mi frasco de agua de colonia y traté de echarme un poco en una muñeca.

Lo que yo no sabía, ni podía ver, era que el rociador del frasco estaba apuntando directamente a mi ojo derecho. Pero aquel no era ningún rociador corriente. Por alguna razón, aquella cosa soltó un chorro de agua de colonia como si estuviera enojada con el mundo entero. En vez de un delicado rocío, fue como un rayo láser de líquido.

El ojo se me cerró de inmediato y por completo, y el dolor era espantoso. En realidad, yo creía que perdería el ojo. Pero todavía estaba tratando de que nadie en la casa despertara. Lo más silencioso que pude, corrí al cuarto de baño para lavarme el ojo con agua. El único problema era que el ojo no tenía interés alguno en abrirse.

Así que allí estuve, frente al lavabo del baño, con una mano tratando de abrirme el ojo, mientras con la otra tomé mi teléfono inteligente y comencé a buscar con la frase "colonia en un ojo". Me alivió saber que en realidad no perdería ese ojo, y hasta me consoló saber que había bastante gente que ya había cometido este acto extremo de estupidez, a juzgar por el resultado en aquella búsqueda.

La Internet al parecer ha puesto todos los conocimientos a nuestra disposición con solo tocar un botón. ¿Quieres saber cómo hacer tu proyecto de ciencias? ¿Necesitas saber cómo llegar a algún lugar? Escribe unas pocas palabras, aprieta unos pocos botones, y ¡*pam!* Allí estará el conocimiento que necesitas.

La Internet nos puede dar conocimiento (como lo que debemos hacer cuando nos echamos agua de colonia en un ojo), pero no puede suministrar sabiduría. Una búsqueda de Google no puede poner una sabiduría real en la punta de tus dedos. Entonces, ¿cómo nos hacemos sabios en los caminos de Dios?

¡Busquemos la sabiduría en su Palabra! El Antiguo Testamento y el Nuevo Testamento nos hacen advertencias que, o bien son lecciones para nosotros, o que podemos aplicar directamente a nuestra vida. Busca estos tres textos en las Escrituras: Nehemías 9:29, Jeremías 6:10 y Sofonías 3:7.

¿Qué se negó a hacer la gente de la que hablan estos pasajes, a pesar de que se les había advertido?

La Biblia nos alerta de nuestras tendencias y nuestros defectos. Las Escrituras contienen muchas historias en las que podemos conocer a las personas y aprender de sus éxitos, sus fracasos y su manera de vivir.

En 1 Corintios 10, Pablo se refiere a la idolatría de Israel, como una manera de alertar a los corintios. Lee todo este capítulo.

 ¿Cómo aplicas hoy a tu vida lo que Pablo enseña en este versículo?

 ¿De qué manera esta historia te señala que necesitas sabiduría?:

En su libro *La mejor de las preguntas*, el autor Andy Stanley habla acerca de lo importante que es la sabiduría, y de la necesidad de hacernos esta pregunta: ¿Cuál es el paso sabio que debo dar, a la luz de mis experiencias del pasado, mis circunstancias del presente y mis esperanzas y sueños para el futuro?[3]

Es posible que en tu caso, entre las experiencias del pasado haya adicciones, malas relaciones, abusos o repetidos patrones de error. Tus circunstancias del presente serían el ser estudiante, tener un trabajo, participar en un deporte o una banda de música o enfrentar problemas de salud y tu vida familiar. Entre las esperanzas y los sueños para el futuro podrían estar los estudios universitarios, una carrera militar, la participación en las labores de la iglesia o los trabajos voluntarios, el deporte profesional (soñar no cuesta nada, ¿verdad?), el matrimonio, criar hijos, etc.

¿Cómo han influido tus experiencias del pasado, tus circunstancias del presente y tus sueños para el futuro en alguna decisión que has tomado recientemente?

Cuando tomes decisiones pensando en el pasado, el presente y el futuro, pide a Dios que te señale cuál es la decisión sabia. La Biblia señala claramente que solo Dios comprende la sabiduría. Leamos este pasaje sobre la sabiduría de Dios, en Job 28:20–28:

"Pero ¿sabe la gente dónde encontrar sabiduría?

¿Dónde puede hallar entendimiento? Se esconde de los ojos de toda la humanidad; ni siquiera las aves del cielo con su vista aguda pueden descubrir la sabiduría.

La Destrucción y la Muerte dicen: "Solo hemos oído rumores acerca de dónde encontrarla".

Únicamente Dios entiende el camino a la sabiduría; él sabe dónde se puede encontrar, porque él mira hasta el último rincón de la tierra y ve todo lo que hay bajo los cielos. Él decidió con qué fuerza deberían soplar los vientos y cuánta lluvia debería caer. Hizo las leyes para la lluvia y trazó un camino para el rayo. Entonces vio la sabiduría y la evaluó; la colocó en su lugar y la examinó cuidadosamente.

Esto es lo que Dios dice a toda la humanidad: 'El temor del Señor es la verdadera sabiduría; apartarse del mal es el verdadero entendimiento'".

Qué significa esta frase del versículo 28: "El temor del Señor es la verdadera sabiduría"?

¿Confías en que Dios te ayude a tomar decisiones sabias? ¿Qué te impide hacerlo?

Muchas de las malas decisiones que he tomado en mi vida, han comenzado con una decisión poco sabia. Yo crecí en un hogar cristiano, y mis padres me infundieron un sentido de lo que es bueno y lo que no lo es. Yo no quería desilusionarlos a ellos tomando malas decisiones. Así que tomaba decisiones que no eran del todo malas, pero que decididamente, tampoco eran sabias. Esas decisiones poco sabias me llevaban a una situación en la que no tenía la fortaleza, ni la fuerza de voluntad o la integridad necesaria para tomar la decisión correcta. Santiago 1:5 dice: *"Si necesitan sabiduría, pídansela a nuestro generoso Dios, y él se la dará; no los reprenderá por pedirla"*. Así he aprendido (y sigo aprendiendo todavía) a buscar a Dios cuando voy a tomar decisiones, ¡porque todos necesitamos de su sabiduría!

¿Cuál decisión tomaste recientemente que tal vez no era mala, pero tampoco era lo mejor?

A esto me refiero cuando hablo de buscar sabiduría para tomar buenas decisiones en la vida. Si tienes un trabajo, es posible que a veces te ofrezcan la oportunidad de trabajar más horas. Aunque en realidad, en esta situación no hay una respuesta que sea correcta o que no lo sea, hay una mejor manera de enfocar la situación. En vez de limitarte a preguntar: "¿Está mal que yo trabaje más?", hay una pregunta mejor y más sabia, que es: "Teniendo en cuenta que soy estudiante con un horario completo (¡y que tal vez el estudio es un gran desafío!), ¿es sabio que trabaje más horas?"

¿Tiene algo de malo el que vayas a ciertas fiestas? ¿O que estés a solas con tu novia o tu novio? Suponiendo que tus padres no hayan intervenido en cuanto a esos temas, entonces tal vez esas cosas no tengan nada de malo. Sin embargo, ¿cuál es la decisión *sabia*? ¿Tiene algo de malo el que pases la mayor parte de tu tiempo libre revisando los medios sociales? Es probable que no, ¿pero cuál es la manera sabia de proceder?

A la luz de dónde has estado, dónde estas ahora y a dónde quieres llegar, ¿cuál es la decisión sabia en cada una de estas situaciones?

Si lamentas haber hecho algo (y eso nos pasa a todos), entonces lo más probable es que te has dado cuenta de que si hubieras orado, y después te hubieras preguntado *¿cuál es la manera sabia de actuar?*, te habrías podido librar (¡y también a otros!) de un gran problema. Necesitamos sabiduría; necesitamos mantenernos alerta, y gracias a Dios, es su Palabra la que nos alerta.

DOS PENSAMIENTOS FINALES ACERCA DE LA SABIDURÍA

En primer lugar, una de las maneras en que nos alerta la Palabra de Dios es hablándonos de lo peligroso que es tratar de vivir la vida solos, sin ayuda de ninguna clase. Necesitamos beneficiarnos de la sabiduría de los demás. Necesitamos "hacer" vida juntos. Proverbios 28:26 destaca este punto: *"Los que confían en su propia inteligencia son necios, pero el que camina con sabiduría está a salvo"*.

Cuando tengas una decisión importante que tomar, busca a aquellas personas que están en tu vida, y a las cuales puedes acudir en busca de un consejo sabio. Piensa en lo que dice Colosenses 3:16: *"Enséñense y aconséjense unos a otros con toda la sabiduría que él da"*. En Hebreos 3:13 se nos indica: *"Adviértanse unos a otros todos los días mientras dure ese «hoy», para que ninguno sea engañado por el pecado y se endurezca contra Dios"*.

Permite que otros creyentes te aconsejen respecto a tu vida y te ayuden a entender lo que la Biblia dice cuando debas tomar una decisión. Busca alguien que ame a Jesús y valore qué es lo mejor para ti, *más aún* de lo que valora su relación contigo. Esa persona tal vez ya ha vivido, o ya se encuentran donde tú quieres estar.

¿A quién puedes ir en busca de sabiduría? ¿Necesitas la ayuda de alguien que te dé un consejo más sincero y más en armonía con el pensamiento de Dios?

En segundo lugar, vamos a la Palabra de Dios, no solo para aprender los principios que deben regir nuestra vida, sino para conocer de verdad a Jesús; ¡conocer su corazón y ver las cosas desde su perspectiva! Jesús es la sabiduría encarnada y, como veremos en el próximo capítulo, cargó sobre sí nuestra necedad para que pudiéramos quedar libres de la consecuencia final y eterna de todos nuestro pecado.

LA PALABRA ME GANA

"NOS AMAMOS UNOS A OTROS,
PORQUE ÉL NOS AMÓ PRIMERO"

1 JUAN 4:19

Yo soy una persona bastante competitiva. Bueno; sí, soy una persona *realmente* competitiva. Soy de esos que no conciben que alguien juegue un deporte sin llevar una puntuación. Soy tan competitivo, que algunos me han visto marcharme enojado pisando fuerte de un juego de mesa. Y en la televisión, puedo ver lo que sea… siempre que haya un ganador y un perdedor.

Recuerdo una ocasión en que mi familia y yo fuimos a una pizzería para celebrar un cumpleaños. Yo me adelanté para conseguir una mesa. Terminamos sentados junto a una mesa de aerohockey para niños, donde había una niña y un niño que estaban jugando. Por lo que decía el marcador electrónico, el niño iba ganando cinco a cero.

Con unos fascinantes goles, uno tras otro, la niña comenzó a avanzar. Yo me di cuenta de que estaba presenciando una épica recuperación y me dejé atrapar en el juego. Cuando ella ganó el gol del empate, yo pensé con entusiasmo: *¡Estás a punto de presenciar algo histórico!* Y así fue; ella anotó el gol de la victoria.

Muchos de nosotros nos pasamos la vida tratando de ganar. Nos esforzamos por ganar en los deportes, en la escuela, en nuestras relaciones y en la vida misma. Sin embargo, lo que tal vez no entendemos es que hay también algo que nos está tratando de ganar. Algo que gana nuestra atención... y nuestro afecto. Y al final, algo *nos habrá ganado* del todo.

Leamos una vez más ocho versículos del Salmo 19:7–17, esta vez en la Nueva Versión Internacional.

> *"La ley del Señor es perfecta:*
> *infunde nuevo aliento.*
> *El mandato del Señor es digno de confianza:*
> *da sabiduría al sencillo.*
> *Los preceptos del Señor son rectos:*
> *traen alegría al corazón.*
> *El mandamiento del Señor es claro:*
> *da luz a los ojos.*
> *El temor del Señor es puro:*
> *permanece para siempre.*
> *Las sentencias del Señor son verdaderas:*
> *todas ellas son justas.*
> *Son más deseables que el oro,*
> *más que mucho oro refinado;*
> *son más dulces que la miel,*
> *la miel que destila del panal.*
> *Por ellas queda advertido tu siervo;*
> *quien las obedece recibe una gran recompensa.*
> *¿Quién está consciente de sus propios errores?*
> *¡Perdóname aquellos de los que no estoy consciente!*

Libra, además, a tu siervo de pecar a sabiendas;
no permitas que tales pecados me dominen.
Así estaré libre de culpa
y de multiplicar mis pecados.
Sean, pues, aceptables ante ti
mis palabras y mis pensamientos,
oh Señor, roca mía y redentor mío".

Observa la primera parte del versículo 8: "Los preceptos del Señor son rectos: traen alegría al corazón".

¿Cómo te hacen sentir las reglas y las leyes? ¿Cuál es tu respuesta típica ante las reglas?

En el versículo 10 vemos de nuevo esta misma manera de expresarse. Se describen los mandamientos de Dios como "más deseables que el oro" y "más dulces que la miel". ¿En cuál universo alterno dominado por la locura nos dan gozo las reglas que debemos cumplir? ¿Cómo es posible que alguien que nos ordene vivir de una cierta manera pueda hacer que nuestro corazón se regocije? ¿Acaso la verdadera felicidad no se encuentra en vivir de acuerdo con nuestras propias reglas?

Estudié en un colegio bíblico que tenía unas cuantas reglas bastante estrictas. Una de ellas tenía que ver con la manera de vestir. Se nos exigía ir con corbata a todas las clases. Y además, debíamos tener en todo momento, o una chaqueta o una chompa. No las teníamos que llevar puestas, pero teníamos que llevarlos siempre con nosotros. ¿Por qué? Nunca lo sabré. Lo que sí sé es que buscábamos "maneras creativas de cumplir" aquella norma.

Uno de mis amigos fue a una tienda de segunda y compró una chompa para bebé. Cada vez que un profesor le preguntaba dónde estaba su chompa o su chaqueta, con todo orgullo, él metía la mano en su mochila y sacaba aquella chompa minúscula. Sí, estaba obedeciendo las reglas. Otro estudiante, cuando se lo preguntaban, giraba el cuerpo para que vieran una manga de chompa que colgaba de su mochila. Como es natural, se suponía que el resto de la chompa estaba unida a esa manga. ¡Pero no era así!

Nos encanta quebrantar las normas... o por lo menos, buscar una manera de eludirlas. En muchas reuniones de jóvenes, he tenido el gran honor de recordarle a los jóvenes cuáles son las reglas. ¡Nunca me han respondido con choques de mano!

> ¿Cuáles son las normas de la escuela, el trabajo, mi hogar, los deportes, etc., que me parecen totalmente carentes de sentido?

Porque sentimos tanta aversión por las reglas, nos es difícil creer que los mandamientos de Dios puedan hacer que nuestro corazón se regocije. En realidad, lo que hacen es que *nos ganan*, al mostrarnos dos cosas:

1. Un Padre dedicado a sus hijos
2. Un Hijo dedicado a su Padre

UN PADRE DEDICADO A SUS HIJOS

Ciertamente, las normas más conocidas por todos de la Biblia son los Diez Mandamientos. Casi todo el mundo, haya crecido en una iglesia o no, sabe algo acerca de los Diez Mandamientos. Se han hecho varias películas muy populares acerca de Moisés, los israelitas durante su esclavitud en Egipto, y su liberación. Entonces llega Dios y parece arruinar su caminata por el desierto con los Diez Mandamientos y otras reglas.

¡No te apresures! Recuerda que Dios *primero* liberó al pueblo de Israel, y *después* le dio la ley. Inmediatamente antes de darle a Moisés los Diez Mandamientos en Éxodo 20, le recordó a los israelitas: "Yo soy el Señor tu Dios, quien te rescató de la tierra de Egipto, donde eras esclavo" (Éxodo 20:2). Dios no le impuso a los israelitas que obedecieran la ley como condición para liberarlos de la esclavitud en Egipto. Después de una serie de acontecimientos, Él los rescató de manera milagrosa, y después les enseñó cómo vivir en vista de aquel grandioso rescate.

Este es el esquema que sigue Dios a través de toda la Biblia. Él nos salva, y nosotros lo honramos con alegría siguiendo sus mandamientos. Jesús nos rescata, y nosotros podemos descansar y regocijarnos en la realidad de ese regalo de valor incalculable.

La obediencia no es un medio para conseguir la salvación; es un resultado de esa salvación.

LOS DIEZ MANDAMIENTOS

1. No tengas ningún otro dios aparte de mí.

2. No te hagas ninguna clase de ídolo ni imagen de ninguna cosa que está en los cielos, en la tierra o en el mar.

3. No hagas mal uso del nombre del Señor tu Dios.

4. Acuérdate de guardar el día de descanso al mantenerlo santo.

5. Honra a tu padre y a tu madre.

6. No cometas asesinato.

7. No cometas adulterio.

8. No robes.

9. No des falso testimonio contra tu prójimo.

10. No codicies.

(ABREVIADO DEL TEXTO BÍBLICO. LEE ÉXODO 20).

Ten en cuenta que los israelitas habían sido esclavos durante cuatrocientos años. Ya habían pasado unas cuantas generaciones. Todos los que fueron liberados de Egipto habían nacido en la esclavitud. Ninguno de ellos conocía otra manera de vivir. Lo más probable es que nunca habían podido decidir dónde trabajar, dónde vivir, o ni siquiera cuándo hacer una pausa para almorzar. Me imagino que sus amos egipcios habían tomado por ellos la mayoría de esas decisiones.

Entonces, Dios los liberó de aquella esclavitud, y millones de ellos anduvieron por el desierto. ¿Cómo iban a saber de qué manera vivir y existir como una comunidad saludable? No creo que nosotros podamos ni siquiera comprender lo significativo que era aquello. Pero Dios sí lo sabía.

En su sabiduría y su amor, Dios les dio leyes a sus hijos, para que la base de su comunidad no se desmoronara. No quería que ellos mismos se destruyeran mientras trataban de convertirse en una nación. Los mandamientos de Dios tenían por propósito protegerlos, guiarlos y bendecirlos.

 ¿Cómo me protegen, guían y bendicen los mandamientos de Dios a mí hoy?

En Deuteronomio 10:12–13, Dios le dio otra vez instrucciones a los israelitas respecto a la manera en que debían vivir:

> *"Y ahora, Israel, ¿qué requiere el Señor tu Dios de ti? Solo requiere que temas al Señor tu Dios, que vivas de la manera que le agrada y que lo ames y lo sirvas con todo tu corazón y con toda tu alma. Debes obedecer siempre los mandatos y los decretos del Señor que te entrego hoy para tu propio bien".*

Alguna vez tus padres te han prohibido que hagas algo o te han disciplinado "por tu propio bien"? Lee a continuación 1 Juan 2:3-4:

> *"Podemos estar seguros de que conocemos a Dios si obedecemos sus mandamientos. Si alguien afirma: 'Yo conozco a Dios', pero no obedece los mandamientos de Dios, es un mentiroso y no vive en la verdad".*

¿Qué dice Juan acerca de los que desobedecen los mandamientos de Dios?

Tras todas estas leyes y estas Escrituras, ¿ves a un Padre dedicado a sus hijos?

Recuerdo muy bien una noche en que tuvimos reunión del grupo de jóvenes. Había una visitante, y se presentó ahí sola. Yo me acerqué para presentarme y hacerle algunas preguntas. Le pregunté si sus padres sabían que ella había ido a nuestro grupo de jóvenes. Ella me respondió que no.

Le sugerí que probablemente fuera mejor que lo supieran. Ella me aseguró que no lo notarían, que no les importaba, y que nunca le preguntaban dónde iba ni qué hacía. Ni siquiera le señalaban una hora de llegada a la casa. Aunque estaba totalmente "libre de reglas", no parecía sentirse demasiado feliz con su situación. Me dijo: "A veces, quisiera que fueran como otros padres y que me fijaran algunas reglas". Yo le pregunté por qué se sentía de esa manera. Nunca olvidaré su respuesta: "Porque entonces, yo sabría que me aman". Me quedé sin palabras.

Lo menos amoroso que podría hacer Dios por nosotros, es dejarnos en un mundo donde hay mucho sufrimiento sin darnos directrices ni parámetros sobre la manera en que debemos vivir. Y la otra cara de la moneda es que lo más amoroso que pudo hacer fue salvarnos, y después mostrarnos cómo vive alguien que ha sido salvo. Eso es precisamente lo que hizo cuando nos dio sus mandamientos.

UN HIJO DEDICADO A SU PADRE

La Biblia nos enseña que la ley tiene una razón de ser primordial: guiarnos a Jesús. ¿Conoces a alguien que nunca haya cometido un error? ¿Alguien que sea perfecto? Sí, la ley nos lleva al punto de entender lo mucho que necesitamos a Jesús. La totalidad de la ley no nos fue dada para que pudiéramos ganar la salvación, o ganar la aprobación de Dios sólo por cumplirla; nos fue dada para demostrarnos que nosotros solos nunca podríamos hacerlo.

¿Cómo ves la ley: como algo que debes cumplir, o como algo que te guía a Jesús?

Esta es la mejor parte: Jesús vino a cumplir la ley. Él mismo dice en Mateo 5:17: *"No malinterpreten la razón por la cual he venido. No vine para abolir la ley de Moisés o los escritos de los profetas. Al contrario, vine para cumplir sus propósitos"*. Jesús guardó la ley y llevó una vida perfecta. ¡Hizo las cosas como es debido! Además, cumplió la ley al morir por nuestros pecados. La ley exigía la muerte de todos los que no la obedecieran. Sabiendo que a nosotros no nos sería posible cumplir todos sus decretos, Jesús murió por nosotros, en nuestro lugar. Fue nuestro cordero ofrecido en sacrificio. ¡Pero no solo murió en nuestro lugar, sino que también *vivió* en nuestro lugar! ¡Él es nuestro sustituto en la muerte y en la vida!

¿Cómo te gana Jesús a ti?

En Génesis 22, Dios le dijo a Abraham que le sacrificara a su hijo Isaac. Es una historia horrible; lo sé. Ya van tres veces que he tenido que inmovilizar a mis hijas mientras les cosían puntos en la frente, y detesté aquello segundo tras segundo. Solo pensar en hacerle daño a mi propia hija, o estar presente mientras otra persona lo hace, me causa náuseas.

En cambio, Abraham obedeció y comenzó el camino hasta el lugar del sacrificio. Isaac llevaba la leña mientras subían a la cima, pero notó que faltaba algo: "¿Dónde está el cordero para el holocausto?" La respuesta de Abraham fue sencilla, pero profunda: "Dios proveerá un cordero para la ofrenda quemada, hijo mío" (Génesis 22:8).

¿Qué pudo haber pensado Abraham mientras subía a aquel monte con Isaac?

 ¿Por qué le pidió Dios a Abraham que hiciera un sacrificio de esta índole?

Como tal vez sepas, la historia se pone mejor. Dios impidió que Abraham matara a su hijo. De hecho, leamos en Génesis 22:9-18 para saber cómo termina esta historia:

Cuando llegaron al lugar indicado por Dios, Abraham construyó un altar y colocó la leña encima. Luego ató a su hijo Isaac, y lo puso sobre el altar, encima de la leña. Y Abraham tomó el cuchillo para matar a su hijo en sacrificio. En ese momento, el ángel del Señor lo llamó desde el cielo:

—¡Abraham! ¡Abraham!

—Sí —respondió Abraham—, ¡aquí estoy!

—¡No pongas tu mano sobre el muchacho! —dijo el ángel—. No le hagas ningún daño, porque ahora sé que de verdad temes a Dios. No me has negado ni siquiera a tu hijo, tu único hijo.

Entonces Abraham levantó los ojos y vio un carnero que estaba enredado por los cuernos en un matorral. Así que tomó el carnero y lo sacrificó como ofrenda quemada en lugar de su hijo. Abraham llamó a aquel lugar Yahveh-jireh (que significa «el Señor proveerá»). Hasta el día de hoy, la gente todavía usa ese nombre como proverbio: «En el monte del Señor será provisto».

Luego el ángel del Señor volvió a llamar a Abraham desde el cielo.

—El Señor dice: Ya que me has obedecido y no me has negado ni siquiera a tu hijo, tu único hijo, juro por mi nombre que ciertamente te bendeciré. Multiplicaré tu descendencia hasta que sea incontable, como las estrellas del cielo y la arena a la orilla del

*mar. Tus descendientes conquistarán las ciudades
de sus enemigos; y mediante tu descendencia, todas
las naciones de la tierra serán bendecidas. Todo eso,
porque me has obedecido.*

En el desarrollo de la historia de las Escrituras, miles de
años más tarde llegamos a otro monte. De nuevo, hay un Hijo
que carga con el madero; de nuevo habrá un sacrificio… pero
esta vez no se trata de una prueba. En la cruz, la dedicación del
Padre a sus hijos chocó con la dedicación del Hijo a su Padre. La
situación se resolvió cuando el Padre permitió que el pecado y la
vergüenza de sus hijos aplastaran a su Hijo, y todo para tenernos
a ti y a mí.

Gracias a ese sacrificio, ahora le puedes decir a Dios: "Yo sé
que me amas, Dios mío, 'por cuanto hiciste esto, y no negaste ni
siquiera a tu hijo, tu único hijo'".

En la cruz, y en las Escrituras, vemos un Padre dedicado a
sus hijos, y un Hijo dedicado a su Padre. Hasta el salmista, el rey
David, sabía que él no se podía redimir a sí mismo por solamente
guardar la ley o presentar sacrificios de animales. Mira la forma
en que termina el Salmo 19: *"Que las palabras de mi boca y la
meditación de mi corazón sean de tu agrado, oh Señor, mi roca
y mi redentor"* (v. 14).

Un redentor que nos rescata, comprándonos. Un redentor
que nos hace nuevos. Un redentor que rescata a los perdidos. Un
redentor que nos gana el corazón: *"Pues el Hijo del Hombre vino a
buscar y a salvar a los que están perdidos."* (Lucas 19:10). Ese es *mi*
redentor.

Enumera algunas cosas que quieren ganar tu corazón.

¿Son cosas (o personas) de fiar? ¿Te "refrescan el alma" y "llenan de gozo tu corazón"? Dios quiere lo mejor para ti. Su Palabra nos gana. Por tu parte, ofrécele tú a Él lo mejor de ti.

PROFUNDICEMOS MÁS EN LA PALABRA

Cuando leas la Palabra de Dios, procura responder a las siguientes preguntas:

¿Cómo me *despierta* este pasaje?

- ¿Qué me muestra este pasaje acerca de mí mismo (y acerca de la naturaleza humana)?

- ¿Cuáles verdades puedo aprender en este pasaje, que son diferentes a lo que cree el mundo?

- ¿Cómo me recuerda este pasaje que al mismo tiempo que soy un terrible pecador, también soy amado más allá de lo que puedo imaginar?

¿Cómo me *alerta* este pasaje?

- ¿Qué sabiduría acerca de la vida recibo de este pasaje?
- ¿Cómo puedo aplicar esa sabiduría a mi vida hoy?
- ¿Con quién puedo compartir lo que he descubierto?

¿Cómo me *gana* este pasaje?

- ¿Qué me muestra este pasaje acerca de Jesús?
- ¿De qué manera los mandamientos y las expectativas de este pasaje me muestran que Dios se interesa en mí?
- ¿Cómo me recuerda este pasaje que Jesús vino para vivir una vida perfecta en mi lugar y tuvo una muerte vergonzosa, también en mi lugar, y cómo el saberlo me hace sentir agradecido?

VERSÍCULOS SUGERIDOS

A continuación encontrarás sugerencias de versículos que puedes estudiar durante un mes entero. Lee el pasaje, y después procura contestar las preguntas anteriores, anotando las observaciones y las preguntas que te vengan a la mente.

- Marcos 2:1–12
- Gálatas 5:16–26
- Marcos 4:35–41
- Génesis 3:1–9

- Marcos 8:27–37

- Gálatas 6:1–10

- Marcos 9:33–37

- Éxodo 20:1–7

- Marcos 10:17–27

- Efesios 1:3–14

- Marcos 10:35–45

- Josué 23:1–11

- Marcos 10:46–52

- Efesios 1:15–23

- Marcos 11:12–19

- 1 Samuel 17:40–50a

- Marcos 12:28–34

- Efesios 2:1–10

- Marcos 12:38–44

- Isaías 53:1–7

- Marcos 14:1–9

- Filipenses 2:1–11

- Marcos 14:32–42

- Isaías 53:8–2

- Marcos 15:1–15

- Colosenses 1:15–23

- Marcos 15:22–32

- Habacuc 3:1–2, 17–19

- Marcos 15:33–39
- Santiago 1:19–27
- Marcos 16:1–7

capítulo cinco

EL ESPÍRITU

"ADEMÁS, EL ESPÍRITU SANTO NOS AYUDA EN NUESTRA DEBILIDAD. POR EJEMPLO, NOSOTROS NO SABEMOS QUÉ QUIERE DIOS QUE LE PIDAMOS EN ORACIÓN, PERO EL ESPÍRITU SANTO ORA POR NOSOTROS CON GEMIDOS QUE NO PUEDEN EXPRESARSE CON PALABRAS"

ROMANOS 8:26

Cuando yo era adolescente, estaba muy seguro de haber descubierto cuándo "se presentaba" el Espíritu Santo en los cultos de las iglesias y en las reuniones de jóvenes. Siempre había mucho ruido, gran intensidad, un ambiente extraño... o alguna combinación de las tres cosas. Alguien estallaba emocionado, como si se hubiera acabado de ganar la lotería... o hablaba a voz en cuello en un lengua que se parecía al de la *Biblia del Oso*, y entonces yo sabía que era el tiempo de que "se manifestara" el Espíritu. Es triste decirlo, pero recuerdo haber hablado con otros adolescentes con los que compartía el mismo radar para la obra del Espíritu Santo, y también tenían la esperanza de que el Espíritu Santo "olvidara" manifestarse cuando llevábamos visitas a la iglesia.

¿Cuál fue la primera vez que presenciaste un "mover del Espíritu" en una iglesia?

Cuando recuerdo la manera en que entendía la divinidad en mi adolescencia, me doy cuenta de que tenía un conocimiento muy pobre. Para mí, Dios Padre era el jefe, Dios Hijo era el bueno y Dios Espíritu Santo era el que aterraba. Si en la iglesia sucedía algo raro, se trataba del Espíritu Santo.

De muchacho, yo también pensaba que había dos grupos de cristianos: aquellos a los que les agradaba el Espíritu Santo y aquellos a los que no. Los primeros eran gente emocional, mientras que los segundos eran personas reservadas. A esas iglesias de personas reservadas las llamábamos "muertas"... mientras que ellas a su vez nos llamaban a nosotros "locos".

¿De qué manera las experiencias en la iglesia le han dado forma a tu comprensión del Espíritu Santo?

Tal vez tú crecieras en una iglesia en la que se usaba más tiempo para enseñar qué es lo que el Espíritu Santo *no hace*, en vez de lo que Él *sí hace*. O tal vez crecieras en una iglesia en la que el Espíritu Santo estaba en el centro y al frente de todo, pero las experiencias te espantaban o despertaban tus dudas. Así que tal vez, como la versión adolescente de mi persona, aceptes a Jesús y al Padre, pero tengas la esperanza de poder seguir adelante tu vida sin el Espíritu Santo.

EL ESPÍRITU SANTO HA FORMADO MI CARÁCTER.

18 DE ABRIL, AUSTRALIA

El hecho de asistir a una escuela cristiana no te hace cristiano: "Cuando estaba en el séptimo grado, un amigo me invitó a su grupo de jóvenes. Como había crecido en una escuela cristiana, siempre había sabido cosas acerca de Dios y de su amor por mí... pero no tenía una relación personal y profunda con Él. Cuando asistí aquella noche al grupo de jóvenes, me di cuenta de lo que me había estado perdiendo, y fue esa noche cuando comencé mi relación con Cristo".

Valentía para enfrentarte a los desafíos de la vida. "El Espíritu Santo le ha dado forma a mi carácter de una manera que yo nunca habría podido imaginar. Hoy tengo valentía y fortaleza para enfrentarme a los desafíos, amor y gracia para mí mismo y para los demás, y la seguridad de que, aunque yo pueda fallar, Cristo nunca fallará".

El Espíritu Santo no es un cuento de fantasmas. "El Espíritu Santo no es una especie de 'cosa' extraña y espeluznante. El Espíritu Santo es la tercera Persona de la Trinidad, y lo que quiere es habitar en ti, guiarte y fortalecerte. Dejar que el Espíritu Santo entre a tu vida es una de las decisiones más importantes que jamás podrás hacer".

La mejor historia de amor. "Una de las principales contribuciones que ha hecho la Palabra de Dios a mi vida es la sabiduría. La Palabra me recuerda constantemente el amor de Dios. En toda la Biblia, es el hilo de la incansable búsqueda de Dios por su esposa, ¡y es la mejor historia de amor de todos los tiempos!"

El problema que presenta ese pensamiento es que el Espíritu Santo es Dios. De hecho, no se puede tener una relación personal con Dios si se deja fuera de ella al Espíritu Santo. A veces, preferiríamos poder eliminar todas las cosas raras que pasan en la iglesia… Sin embargo, ¿acaso no hay muchísimos ejemplos de cosas "raras" que sucedieron en la Biblia? Hay profetas del Antiguo Testamento que se han hecho famosos por sus extraordinarios actos proféticos. (Busca en Google "Oseas y Gomer," o mejor aún, lee el libro de Oseas, en el Antiguo Testamento, y verás lo que quiero decir.) Hubo otros que tuvieron visiones muy extrañas (revisa ahora al libro de Ezequiel). ¡En el libro de los Hechos, se nos habla de una habitación llena de llamas de fuego que flotaban en el aire y gente que hablaba en diversas lenguas! ¿Qué hacemos con todo eso? ¿Cómo lo entendemos?

No se puede ignorar la importancia del Espíritu. Jesús habló mucho acerca de Él. De hecho, cuando estaba llegando al fin de su tiempo en la tierra, lo destacó como uno de sus temas principales.

"Ahora voy a aquel que me envió, y ninguno de ustedes me pregunta adónde voy. En cambio, se entristecen por lo que les he dicho. En realidad, es mejor para ustedes que me vaya porque, si no me fuera, el Abogado Defensor no vendría. En cambio, si me voy, entonces se lo enviaré a ustedes" *(Juan 16:5–7).*

Busca Juan 16:5-7 en varias traducciones. ¿Qué otras palabras se usan para el término "Consolador"?

¿Cuál de esas palabras es la que más resuena en tu interior?

 ¿Qué dijo Jesús para consolar a sus discípulos?

Jesús le dijo a sus discípulos que les convenía que Él se fuera, para que les pudiera enviar al Espíritu Santo. Yo me imagino que los discípulos no se quedaron convencidos, sino más bien confundidos. ¿Qué podía ser mejor que ver a un hombre que anda sobre el agua, sana a los ciegos y resucita a los muertos? Aquellos hombres lo habían dejado todo y a todos los que conocían para seguir a Jesús, pero ahora Él los dejaba, ¿y se suponía que su vida sería *mejor*?

Yo paso muchos fines de semana viajando, lejos de mi familia. Mis hijas ya tienen suficiente edad para notar cuándo estoy de viaje. Y me echan de menos. Así he aprendido que hay unas cuantas cosas que les puedo decir antes de salir para aliviar el golpe de mi ausencia:

1. Ellas pueden dormir con mamá en su cama mientras papá anda de viaje.

2. Pueden hablar conmigo por la computadora con FaceTime.

3. Papá les traerá una sorpresa.

Mi hija mayor siempre me da a escoger entre tres juguetes que le puedo traer como penitencia por abandonarlas unos pocos días. Por lo general, se trata de un juguete de la última película animada que vio hace poco tiempo. Pero aun después de decirle a mis hijas todas las razones por las cuales es mejor que me vaya, ellas siguen tristes cuando me voy. (Yo sé que en realidad no es mejor que yo me vaya, pero trato de ayudarlas a ellas, ¡y a mí mismo! a que nos duela lo menos posible.)

A diferencia de lo que yo hago con mis hijas, Jesús no trató de aliviar el golpe de las palabras que les dirigió en Juan 16. Les estaba hablando la verdad. Cuando Jesús dice que es mejor que Él se vaya de la faz de la tierra y envía al Espíritu Santo, eso es precisamente lo que está diciendo.

¿POR QUÉ JESÚS DIJO QUE ERA MEJOR QUE ÉL SE FUERA?

He aquí unos cuantos pensamientos al respecto:

- Jesús, como hombre, estaba limitado por el tiempo y el espacio. El Espíritu Santo no. Cuando los discípulos empezaron a viajar predicando el Evangelio por todo el mundo que en ese tiempo se conocía, Jesús no habría podido estar con todos ellos. ¡En cambio, el Espíritu Santo sí estaba con todos ellos!

- En este mismo sentido, Jesús era la presencia de Dios en *medio* de nosotros, pero el Espíritu Santo es la presencia de Dios *dentro* de cada uno de nosotros.

- Jesús hablaba mayormente con parábolas, y así enseñó cuál era su verdadero propósito. Incluso cuando fue a la cruz, los más cercanos a Él, aún no comprendían el plan. Pero ahora, nosotros conocemos la razón por la que Jesús vino del cielo a la tierra, y el Espíritu Santo nos puede hablar de manera explícita sobre quién es Jesús, y qué fue lo que Él hizo.

- Jesús vino al mundo y nos mostró cómo es la vida cuando se la entregamos por completo a Dios. El Espíritu Santo nos ayuda a valorar la vida y la obra de Jesús, y nos ayuda también a someterle nuestra vida como respuesta a esa verdad.

- Jesús vino con una misión. El Espíritu Santo nos da poder a todos y cada uno de nosotros para que cumplamos con la misión que Dios nos encomendó.

ENTONCES, ¿CÓMO LE EXPLICÓ JESÚS A SUS DISCÍPULOS QUIÉN ES EL ESPÍRITU SANTO?

El Espíritu Santo es nuestro *Ayudador*. Muchas veces, pensamos que los ayudadores, o ayudantes, son compañeros de trabajo con menos habilidades, que mayormente lo que hacen es interferir en el trabajo del experto. Está claro que esto no describe el papel que desempeña el Espíritu Santo en nuestra vida.

Mi esposa es muy buena con la repostería. Si necesitas evidencias de esto, basta con que observes cómo me va creciendo la cintura. A veces, mis hijas quieren "ayudarla" en la repostería. Al final, le toma el doble de tiempo hornear, y después el doble de tiempo limpiar todo el desorden. Si entraras en la cocina en cualquier momento, y vieras lo que sucede, no considerarías a mis hijas como "ayudadoras". Felizmente, *no es así* como nos ayuda el Espíritu Santo.

Si concibes al Espíritu Santo de esta manera, podrías llegar a la conclusión de que es como esos "minions" o muñecos animados de *Mi villano favorito*. Pero claro, estarías equivocado. Entonces, ¿cómo debemos entender al Espíritu Santo es nuestro ayudador?

A mi esposa y a mí nos encanta llevar a nuestras hijas al parque. Ellas pueden jugar solas en muchas de las escaleras y de los toboganes, pero las barras todavía son demasiado difíciles para ellas. Les falta fuerza en la parte superior del cuerpo. (A mí también, pero eso ahora no viene al caso.) Entonces, ¿qué hacen? Le piden ayuda a papá. En este caso, no les estoy estorbando, ni tampoco les estoy dando una ayuda que no necesitan; estoy colaborando para que algo suceda. Aunque ellas lo llamen "ayuda", lo cierto es que sin mí, no podrían hacer nada de aquello.

Describe un momento de tu vida en el cual alguien "te ayudó" en algo que no podías hacer solo:

Así es el Espíritu Santo. Él nos ayuda a hacer cosas que nosotros no podemos hacer, por mucho que queramos, o por mucho que lo intentemos. Necesitamos la ayuda del Espíritu Santo más de lo que nos podemos dar cuenta.

Como lo indican las diversas traducciones de Juan 16:5–7, las Escrituras utilizan varios nombres para referirse al Espíritu Santo: Consolador, Consejero, Abogado, Compañero, etc. ¡Cualquiera que sea el nombre que uses, es imprescindible que comprendas que el Espíritu Santo es una Persona! Tiene mente, voluntad y emociones (Romanos 8:27; 1 Corintios 12:11; Efesios 4:30). Habla (Hebreos 3:7) y obra (1 Corintios 12:13). Es posible que lo resistamos (Hechos 7:51) y blasfememos contra Él (Lucas 12:10). Consuela, aconseja, habla a nuestro favor y a través de nosotros (2 Corintios 1:4; Juan 14:26; Romanos 8:26). Es un ayudador.

El Espíritu *no* es una energía, ni una fuerza. No es una "cosa" que utilizamos nosotros como arma. Me parece que a veces vemos al Padre y al Hijo como poderosas personas a las que adoramos y a quienes nos sometemos, pero creemos que el Espíritu Santo es quien nosotros podemos controlar; quien cumple nuestros deseos y anhelos. Es como si creyéramos que nosotros existimos para servir a los propósitos de Dios Padre, pero el Espíritu Santo existe para servir a nuestros propósitos. Solo que el Espíritu Santo no es algo de lo cual echamos mano para usarlo; Él es *Alguien* que echa mano *de nosotros* para usarnos.

> Describe al Espíritu Santo a partir de lo que sabes ahora acerca de Él.

Antes de entrar al tema de la manera en que el Espíritu nos ayuda, hagamos una pausa para reflexionar sobre algo muy importante. ¡El Espíritu Santo ayudó a Jesús! Lo ayudó a vivir una vida sin pecado, y a realizar la obra que Dios le encomendó, hasta consumarla. Jesús fue plenamente Dios y plenamente hombre, pero decidió dejar a un lado su naturaleza divina. Entonces, ¿cómo es posible que haya vivido como vivió, y que haya hecho lo que hizo? ¡Por el Espíritu!

Lee Lucas 3:21-22 y notarás cómo el Espíritu descendió sobre Jesús cuando éste fue bautizado en agua, marcando así el comienzo de su ministerio público:

> *"Cierto día, en que las multitudes se bautizaban, Jesús mismo fue bautizado. Mientras él oraba, los cielos se abrieron, y el Espíritu Santo, en forma visible, descendió sobre él como una paloma. Y una voz dijo desde el cielo: 'Tú eres mi Hijo muy amado y me das gran gozo'".*

Jesús entró a su ministerio público con el corazón y la mente llenos de dos profundas realidades: Su Padre lo amaba y lo apoyaba, y el Espíritu estaba presente para ayudarlo. Estas dos verdades siguen siendo vitales hoy para los seguidores de Jesús. Inmediatamente después de su bautismo, el Espíritu lo llevó al desierto, donde fue tentado. Y de nuevo, después de las tentaciones, Lucas nos recuerda que "regresó a Galilea lleno del poder del Espíritu Santo" (4:14).

Pocos versículos más abajo, Jesús habla acerca de sí mismo, citando las palabras escritas en el Antiguo Testamento por el profeta en Isaías 61:1: "El Espíritu del Señor está sobre mí, porque me ha ungido para llevar la Buena Noticia a los pobres. Me ha enviado a proclamar que los cautivos serán liberados, que los ciegos verán, que los oprimidos serán puestos en libertad, y que ha llegado el tiempo del favor del Señor" (Lucas 4:18–19).

Jesús no hizo nada sin la ayuda del Espíritu Santo. Nada. El Espíritu fue el que lo capacitó para que viviera como lo hizo.

Esto es muy importante, porque nosotros necesitábamos que Jesús viviera una vida que fuera perfecta, que para nosotros es imposible vivirla.

 Si Jesús necesitó la ayuda del Espíritu Santo, ¿qué significa eso para nosotros?

 ¿Estás abierto a que el Espíritu Santo te ayude? ¿Qué cosas te impiden pedir su ayuda?

EL ESPÍRITU ME AYUDA A SABER

"EL ESPÍRITU DE DIOS, QUIEN LEVANTÓ A JESÚS DE LOS
MUERTOS, VIVE EN USTEDES; Y ASÍ COMO DIOS LEVANTÓ
A CRISTO JESÚS DE LOS MUERTOS, ÉL DARÁ VIDA A SUS
CUERPOS MORTALES MEDIANTE EL MISMO ESPÍRITU,
QUIEN VIVE EN USTEDES"

ROMANOS 8:11

La vida está llena de cosas que debemos saber. En cada edad, y con cada experiencia, aprendemos algo nuevo. Cuando somos niños, lo más probable es que las cinco cosas principales que debíamos saber eran (y el orden no es los más importante):

1. las letras y los números

2. mirar a derecha e izquierda antes de cruzar la calle

3. compartir nuestros juguetes

4. atarnos los lazos de los zapatos

5. usar el baño como los niños y las niñas grandes

Es de esperar que cuando llegues a la adolescencia, ya hayas dominado todas estas tareas, en especial la #5. Ahora tienes un montón de otras cosas que también debes saber... ¡Y son más complicadas aún!

1. empacar tu propio almuerzo

2. estudiar para un examen

3. moverte en medio del complejo laberinto social que es la escuela secundaria

4. hablar con las personas del sexo opuesto sin sentir dolor de estómago

5. conducir en la carretera sin hacer que a tu mamá le dé dolor de estómago

Conforme creces, las cosas no se vuelven más fáciles. Cuando te vas a estudiar a la universidad, te preparas para entrar a la vida militar o aceptas un trabajo, necesitas saber cómo tratar a un compañero de cuarto, cómo crear un presupuesto y cómo conducirte en una entrevista de trabajo. Y precisamente, cuando aprendes esas cosas, la vida sigue su curso... y muy pronto estarás planeando una boda, compartiendo el control remoto de la televisión con tu cónyuge, cambiando pañales, y enseñándole a tu hijo o hija a ir al baño como los niños grandes. Son muchas las cosas que necesitas saber.

Te tengo una buena noticia: El Espíritu Santo nos da conocimiento. Él es quien nos ayuda a descubrir las dos cosas más importantes que todo el mundo, y en todas partes debe saber:

1. Yo soy un gran pecador.

2. Jesús es un gran Salvador.

Jesús nos dijo que el Espíritu Santo nos convence de pecado (Juan 16:8-11). El Espíritu Santo nos busca en nuestro pecado y nos muestra lo errado que es nuestro camino. ¡El primer paso para ser cristiano no es encontrar la manera de arreglarte a ti mismo, sino darte cuenta de que hay en ti algo roto que nadie en este mundo, ni siquiera tú mismo, puede arreglar! A menos que el Espíritu Santo intervenga, no hay esperanza. A causa del pecado, tenemos la tendencia de usar cualquier cosa como fuente de una falsa esperanza.

> Enumera algunas "fuentes de falsa esperanza" a las que recurren tú y tus amigos.

El Espíritu nos busca cuando estamos perdidos. Hace brillar la luz del Evangelio en medio de las tinieblas de nuestro corazón, de manera que podamos ver nuestro pecado tal cual él es. No nos convence de pecado, solo para que nos sintamos desesperados, culpables y avergonzados. Nos convence, porque se ha dedicado por completo a ayudarnos a nosotros a saber que necesitamos un Salvador. Nuestra tendencia es pensar que solo necesitamos un poco de ayuda a lo largo del camino, cuando en realidad lo que necesitamos es un nuevo comienzo.

UNA PERSPECTIVA MUNDIAL

Las iglesias pentecostales y carismáticas del mundo entero han tenido un rápido crecimiento en las últimas décadas, lo cual indica que hay un hambre cada vez mayor entre las personas por conocer al Espíritu Santo y experimentar personalmente su presencia. Según la Base de Datos Cristiana Mundial, Brasil tiene el mayor número de cristianos pentecostales y carismáticos (84 millones, lo cual es aproximadamente el 34 por ciento de su población). Se calcula que hay unos 72 millones en China; 41 millones en Nigeria; 38 millones en la India y 25 millones en las Filipinas.

Cuando compramos nuestra casa, supimos de inmediato que queríamos pintar las paredes. Sus dueños anteriores, o bien estaban ciegos a los colores, o les encantaban los colores brillantes, intensos... y feos. Mi futura esposa y yo queríamos colores más serenos y relajantes. Tengo un par de amigos que son pintores profesionales, así que les hablé de mis planes y los recluté para que me ayudaran. Yo solo tenía la intención de pintar las paredes, pero ellos me dieron un buen consejo que cambió mis planes.

Me dijeron que una vez que yo pintara las paredes, notaría de inmediato lo sucio que estaba el cielo raso, a pesar de que ahora no me parecía sucio. La pintura fresca en las paredes revela todas las imperfecciones que hay en el cielo raso, aunque luzca bonito, blanco y limpio. Así que, antes de pintar las paredes, mis amigos pintaron todo el cielo raso de la casa, usando un compresor con pulverizador de pintura.

Esta es una ilustración bastante buena de lo que hace por nosotros el Espíritu Santo. Cuando Él está obrando en nuestra vida, pone al descubierto la suciedad que tenemos en el corazón, y que antes no podíamos distinguir. A nosotros nos encanta pensar que nuestro corazón está más limpio de lo que está en realidad. El hecho es que necesitamos que el Espíritu Santo nos ayude a ver el pecado en nuestro corazón, y a saber que no se trata simplemente de defectos de carácter o de imperfecciones que serían de esperar. Nos abre los ojos para que sepamos que nuestro pecado es una ofensa dirigida a Dios mismo, y una rebelión abierta. Si el Espíritu Santo no nos escudriña y nos da convicción, nunca sabremos que somos pecadores, ni sentiremos convicción alguna. Y mientras no nos demos cuenta de lo perdidos que estamos, seguiremos pensando que nos podemos salvar a nosotros mismos.

Menciona algunas maneras en que quienes no tienen a Cristo tratan ellos mismos de salvarse.

Menciona algunas maneras en que las personas religiosas tratan ellas mismas de salvarse.

Una de las mejores maneras de poner al descubierto si estás tratando de salvarte tú mismo es responder a estas preguntas: *¿Adónde acudo en busca de consuelo cuando tengo un mal día? ¿A una persona? ¿A una relación? ¿A una fantasía? ¿A una droga? ¿A cualquier diversión?*

 ¿Adónde acudes en busca de consuelo cuando tienes un mal día?

Cualquiera que sea aquello a lo que acudimos con nuestra esperanza y nuestro amor, si no es Jesús, es el ídolo, el dios falso en el cual estamos confiando y esperando que nos salve. La idolatría aparece cuando hacemos un dios de alguna cosa, incluso de una cosa buena; hay idolatría cuando nuestro corazón fija su amor más profundo en algo que no sea Jesús.

El Espíritu Santo nos ayuda a saber que ninguno de esos ídolos nos puede salvar, ni rectificar nuestra relación con Dios. No hay persona, experiencia ni cantidad de obras que le dé paz a nuestro corazón. Somos pecadores y necesitamos a un gran Salvador.

El Espíritu Santo también nos ayuda a conocer el nombre de nuestro Salvador. Nuestro problema está en el pecado y la separación. Nuestra solución está en una persona. Las religiones ofrecen una lista de reglas, diversos aros que debemos saltar, o algún código de vida que debemos cumplir. El mensaje central del cristianismo nos ofrece una esperanza con nombre, y ese nombre es Jesús.

El Espíritu nos da testimonio acerca de Jesús. Eso significa que siempre le está hablando sobre Él a nuestro corazón. Nos habla sobre quién es Jesús y qué fue lo que hizo; le da a nuestro corazón la seguridad de que todo esto es cierto. El Espíritu es como un experto llevado como testigo a un juicio para darle validez a otra persona. La obra primaria del Espíritu Santo consiste en revelarle a Jesús a nuestro corazón. Esto es lo que el propio Jesús les dijo a sus discípulos:

"A ustedes yo les enviaré al Abogado Defensor, el Espíritu de verdad. Él vendrá del Padre y dará testimonio acerca de mí" (Juan 15:26).

El Espíritu Santo es clave en la obra de la salvación. Yo antes pensaba que la salvación era lo que hizo Jesús. Pero he aprendido más recientemente que Dios Padre, Dios Hijo y Dios Espíritu Santo participan todos en la salvación de una manera integral. Dios Padre vio en ruinas a la humanidad y, al enviar a su Hijo, puso en marcha un plan para rescatar nuestro corazón lleno de pecado. Jesús fue obediente al Padre y vino a la tierra como ser humano, para vivir como nosotros y tomar nuestro lugar en su muerte. "Dios hizo que Cristo, quien nunca pecó, fuera la ofrenda por nuestro pecado, para que nosotros pudiéramos estar en una relación correcta con Dios por medio de Cristo" (2 Corintios 5:21). Y después resucitó de entre los muertos, dándonos la esperanza de la resurrección. Recibió la muerte en toda su fuerza, para que ahora nosotros podamos reírnos de la muerte, y decir: "Oh muerte, ¿dónde está tu victoria? Oh muerte, ¿dónde está tu aguijón?" (1 Corintios 15:55).

Pero, ¿qué decir del Espíritu Santo? ¿Cuál es la función que cumple en la salvación? El Espíritu no solo hizo posible que Jesús llevara una vida perfecta, sino que también le dio poder para hacer milagros, sanidades, señales y prodigios. Todo esto señala hacia la venida del Reino de Dios a la tierra y la paulatina disminución de la tristeza, las enfermedades y el sufrimiento en la humanidad y en la creación entera, hasta llegar a su eliminación.

Veamos con más atención el versículo que escogimos para la reflexión al comienzo de este capítulo:

"El Espíritu de Dios, quien levantó a Jesús de los muertos, vive en ustedes; y así como Dios levantó a Cristo Jesús de los muertos, él dará vida a sus cuerpos mortales mediante el mismo Espíritu, quien vive en ustedes" (Romanos 8:11).

¿Cuál es la esperanza que este pasaje le ofrece a quienes sigan a Jesús?

El mismo Espíritu nos busca en medio de nuestro pecado. Nos persigue, nos muestra que necesitamos un Salvador y le revela a Jesús a nuestro corazón. La gracia de Dios y la obra del Espíritu despiertan nuestro corazón para que responda con un arrepentimiento verdadero y una fe genuina; ¡es el Espíritu Santo, cuando mora en nosotros, quien hace que nuestro corazón antes muerto tenga vida! Ésto es lo que llamamos "regeneración".

En Tito 3:3–7 encontramos una hermosa descripción de este "nuevo nacimiento" y esta "nueva vida".

"En otro tiempo nosotros también éramos necios y desobedientes. Fuimos engañados y nos convertimos en esclavos de toda clase de pasiones y placeres. Nuestra vida estaba llena de maldad y envidia, y nos odiábamos unos a otros. Sin embargo, cuando Dios nuestro Salvador dio a conocer su bondad y

amor, él nos salvó, no por las acciones justas que nosotros habíamos hecho, sino por su misericordia. Nos lavó, quitando nuestros pecados, y nos dio un nuevo nacimiento y vida nueva por medio del Espíritu Santo. Él derramó su Espíritu sobre nosotros en abundancia por medio de Jesucristo nuestro Salvador. Por su gracia él nos declaró justos y nos dio la seguridad de que vamos a heredar la vida eterna".

¿Qué te llama más la atención en estos versículos?

Cuando yo tenía seis años, vivía en Springfield, Missouri. Mi familia no tenía mucho dinero, así que para ayudarnos con el costo de los víveres, criábamos algunos animales para comer. A mí me gustaban sobre todo los pollos; de hecho, le ponía nombre a cada uno de ellos, y los consideraba mis mascotas. Estoy seguro de que ya sospechas que esta historia no termina bien, ni para mí ni para los pollos amigos míos.

Y así fue: llegó el día en que a mi primo adolescente, que nos visitaba desde la ciudad de Nueva York, le encomendaron la tarea de sacrificar a los pollos. Él tenía tanta experiencia en matar pollos como la que tenía yo, pero eso no impidió que lo hiciera... de una manera que casi me provocó un trauma. Tal vez has oído que hay quienes explican su apuro por hacer las cosas, diciendo que "corren como pollo sin cabeza". Bueno, después de esa experiencia, sé exactamente a qué se refieren.

Me senté en el portal trasero de la casa, sollozando y gritando el nombre de mis amigos pollos, ahora descabezados. Le dije a mi primo que nunca lo perdonaría, ni jamás olvidaría aquello. Unas pocas horas más tarde, estaba feliz, sentado a la mesa, comiendo un sabroso arroz con pollo en la cena.

Cuando recuerdo aquel día, me doy cuenta de que no habría servido de nada que yo hubiera ido donde estaba uno de aquellos pollos muertos para gritarle: "¡Vamos! ¡Tú puedes! ¡Resucita! ¡Basta con que quieras vivir! ¡Coopera!" Aquellos pollos no podían volver a la tierra de los vivos por sí mismos. Aquellas aves muertas no podían hacer absolutamente nada para resucitar. Su única esperanza habría sido que alguien con poderes mágicos les hubiera devuelto la vida.

El Espíritu Santo hace algunas cosas sobrenaturales en la Iglesia y en el mundo de hoy, pero su mayor milagro es que los corazones muertos vuelvan a la vida. Esta regeneración, o nuevo nacimiento, es un milagro de la gracia y el poder de Dios, quien sopla su vida en los espíritus que están muertos en sus pecados y su egoísmo. ¡El Espíritu Santo viene a morar en nosotros!

EL CONOCIMIENTO DE CRISTO

El apóstol Pablo escribió: "Quiero conocer a Cristo y experimentar el gran poder que lo levantó de los muertos" (Filipenses 3:10a). La palabra griega que se traduce como "conocer" (verbo *gignosko* y sustantivo *gnosis*) va más allá del simple concepto del conocimiento. Pablo, quien era un hombre de muchos estudios, también quería "conocer" a Cristo y relacionarse con Él de una manera más plena y más cercana.

Toda revelación relacionada con la necesidad que tenemos de Jesús, viene del Espíritu Santo. Toda valoración genuina de la cruz se debe al Espíritu Santo. Toda convicción que nos lleva al arrepentimiento se produce gracias al Espíritu Santo. ¡Y todo momento de adoración y amor a Jesús es resultado de la obra del Espíritu Santo! El Espíritu Santo es *necesario* para la Salvación (Romanos 8:9).

Escribe tus nuevos pensamientos sobre la "regeneración"; tus preguntas acerca de ella.

Como te conté antes, cuando yo era adolescente, pensaba que la manera de saber con seguridad si el Espíritu Santo estaba "en la escena", era que alguien dijera o hiciera algo extraño. Desde entonces, he aprendido que el Espíritu Santo está vivo (obrando) para servirnos, si tanto los pecadores perdidos como los pecadores salvos (los seguidores de Jesús) nos damos cuenta de lo profunda que es la necesidad que tenemos de Jesús. Si hablamos de Jesús, lo exaltamos, y lo vemos como el centro de todo, es porque el Espíritu Santo nos da testimonio de nuestro Salvador. ¡Es Él quien nos ayuda a conocer!

Explica tu comprensión de quién es el Espíritu Santo y el papel que Él cumple en tu vida.

EL ESPÍRITU ME AYUDA A CRECER

"CIERTAMENTE, YO SOY LA VID; USTEDES SON LAS RAMAS.
LOS QUE PERMANECEN EN MÍ Y YO EN ELLOS PRODUCIRÁN
MUCHO FRUTO PORQUE, SEPARADOS DE MÍ,
NO PUEDEN HACER NADA"

JUAN 15:5

Recuerdo la primera vez que mi hermana dio su examen de conductor. Sí, la *primera* vez. Aquel día, ella aprendió una lección muy importante: Si quieres aprobar el examen de conducir, no des marcha atrás hacia los postes de teléfono. Recuerdo la única vez que yo hice ese mismo examen. Cometí unos cuantos errores pequeños, pero cuando todo terminó, el evaluador me entregó un papel que cambió mi categoría, de conductor sin licencia a máquina motorizada plenamente licenciada.

En un solo momento, mi categoría social cambió. No era mejor conductor después del examen, que antes de hacerlo. Y no hice nada significativo mientras di el examen, con la excepción de que pude evadir un poste de teléfonos; pero, todo cambió. ¡Ahora podía conducir con legalidad! Tenía los mismos derechos que una persona que hubiera estado conduciendo durante décadas.

Entonces, ¿qué tienen en común el hecho de hacernos cristianos y el de convertirnos en conductores con licencia? En pocas palabras, que ambos tienen que ver con un cambio de categoría. Una vez que la gracia de Dios despierta el corazón del pecador, él deposita su fe total y únicamente en la persona y la obra de Jesús. ¡En ese momento, Dios Padre lo ve y lo trata como si hubiera vivido la vida perfecta que vivió Jesús! El término que usamos para hablar de este cambio es *"justificación"*. Ahora estás perdido; al cabo de un minuto, has sido hallado. Pasas de ser enemigo de Dios a ser hijo suyo. ¡No solo eso, sino que en un momento milagroso, el propio Espíritu de Dios viene a vivir dentro de ti! Por eso la gente dice que "nace de nuevo".

¿Cómo le explicarías lo que significa "nacer de nuevo" a una persona que no conoce a Jesús?

Además de la justificación, hay otra gran palabra que debes conocer, y es el tema central de este capítulo: *santificación*. En simples palabras, la santificación tiene que ver con el crecimiento espiritual.

El día que aprobé mi examen de conducir, se me autorizó conducir legalmente, pero todavía tenía mucho que aprender sobre lo que es conducir. Pasarían años antes que unirme al tránsito de una autopista dejara de convertirse en una aterradora hazaña para mí, y todavía cuando estaciono en paralelo, lo hago de una manera errática. Es un aprendizaje de toda la vida. De igual manera, en el momento en que somos salvos, no nos convertimos de manera mágica en un producto terminado. Seguir a Jesús significa toda una vida de aprendizaje y crecimiento. ¡Demos gracias a Dios que envió al Espíritu Santo para que nos ayude a crecer! La Biblia lo expresa de esta manera: "El Señor, quien es el Espíritu, nos hace más y más parecidos a él a medida que somos transformados a su gloriosa imagen" (2 Corintios 3:18b).

Muchas veces, los cristianos jóvenes creen la mentira de que la salvación (la justificación) es obra de Dios, mientras que el crecimiento (la santificación) es toda obra de ellos. Es posible que piensen que ahora, todo lo que necesitan hacer es esforzarse mucho y tener un gran anhelo de crecer. El esfuerzo y el fervor no tienen nada de malos; al contrario, los necesitamos a los dos. Pero lo cierto es que sin regresar a la verdad del Evangelio y apoyarnos en la obra del Espíritu, no tendremos ningún crecimiento real y duradero. Escoger entre la verdad del Evangelio y la obra del Espíritu es como escoger entre inspirar y exhalar. Si no hicieras ambas cosas a la hora de respirar, te morirías. Ahora bien, ¿cómo nos ayuda el Espíritu a crecer? Me alegra que lo hayas preguntado. Él nos ayuda a crecer cuando *miramos hacia atrás, miramos hacia adentro* y *miramos hacia adelante.*

LA MIRADA HACIA ATRÁS

En su día de bodas, el novio y la novia se dicen mutuamente los votos nupciales. Proclaman que su entrega mutua será más fuerte que todos los desafíos que enfrentarán con toda seguridad. Allí de pie, delante de sus parientes y amigos, y en la presencia de Dios, se prometen mutuamente su corazón y su vida.

Estas palabras son puestas a prueba en los días, las semanas y los años que vienen. Algunos días, no sienten el amor de antes. Hay momentos en que querrían separarse. En esos días, y esos momentos, necesitan mirar atrás, a su día de bodas, y recordar cada uno a sí mismo y el uno al otro, el compromiso que hicieron. Con toda facilidad las personas pueden creer que el fundamento del matrimonio es la manera en que las dos personas se sienten en un momento determinado. En realidad, el fundamento del matrimonio es las promesas que se hicieron mutuamente y que le hicieron a Dios en aquel día tan especial. Para seguir adelante, a veces hay que mirar atrás.

Cuando nos sentimos inseguros; cuando nuestra fe está en crisis, y cuando los desafíos de la vida se convierten en problemas, el Espíritu Santo nos recuerda que debemos mirar atrás:

- Miremos atrás, hacia Jesús.
- Miremos atrás, hacia la cruz.
- Miremos atrás, hacia la fuente de verdadera esperanza.

El Espíritu nos ayuda a crecer cuando nos recuerda lo que es cierto y lo que es verdadero. Jesús le dijo a sus discípulos que el Espíritu Santo cumpliría ese papel:

"Cuando el Padre envíe al Abogado Defensor como mi representante —es decir, al Espíritu Santo—, él les enseñará todo y les recordará cada cosa que les he dicho" (Juan 14:26).

"A ustedes yo les enviaré al Abogado Defensor, el Espíritu de verdad. Él vendrá del Padre y dará testimonio acerca de mí" (Juan 15:26).

¿Cuáles son los papeles que cumple el Espíritu Santo en tu vida?

Cuando miramos atrás, recordamos quién es Jesús, y la obra que realizó. Cuando miramos atrás, el Espíritu Santo siempre nos susurra (¡o nos grita!) al corazón dos verdades que son clave: que somos *justos*, y que somos *ricos*.

EL ESPÍRITU SANTO ME HACE SENTIR REALIZADO

CALEB, 15, NUEVA YORK

El Espíritu está vivo en su grupo de jóvenes: Hemos visto obrar al Espíritu Santo en medio de nosotros: a través de las lenguas, de las sanidades sobrenaturales y de los que han sentido el llamado al ministerio.

Un llamado personal: Hace un par de años, yo estaba en un retiro de jóvenes. En aquellos momentos, no sabía en realidad lo que quería hacer con mi vida, y eso me mantenía vacilante. Cierta vez en que estaba orando fervientemente, sentí que Dios me hablaba acerca del ministerio con los jóvenes, y tuve una gran sensación de paz respecto a lo que Él me estaba llamando a hacer.

Con el sometimiento viene la revelación: Cuando aprendí a someter a Dios mi futuro, y los temores en cuanto a lo que haría en la vida, el Espíritu Santo me reveló por las cosas que según yo mismo me harían sentir realizado.

Da el primer paso: Cuando confías en Dios una vez, se te hace más fácil confiar en Él en el futuro.

Texto bíblico favorito: "Deléitate en el Señor, y él te concederá los deseos de tu corazón" (Salmo 37:4).

Gracias a Jesús, podemos tener una buena relación con Dios. La religión es nuestro esfuerzo de presentar ante Dios un historial de justicia propia, de manera que Él nos deba algo. En cambio, el

Evangelio dice que Dios, a través de Jesús, nos entrega un historial justo, y ahora somos nosotros los que le debemos a Él. Romanos 11:6 dice: "Y como es mediante la bondad de Dios, entonces no es por medio de buenas acciones". Solo una salvación que sea verdaderamente gratuita lo puede exigir todo de nosotros. Si creemos que hemos contribuido a nuestra salvación con nuestros propios esfuerzos y buenas obras, entonces lo que Dios nos puede pedir tiene su límite. En otras palabras, la gracia trae consigo un crecimiento radical e inevitable, mientras que las reglas solo nos obligan a cambiar de conducta; no hay otra alternativa.

Lee el texto bíblico que aparece a continuación, y dedica un tiempo a pensar en lo que significa para ti personalmente:

"Solo el Espíritu da vida eterna; los esfuerzos humanos no logran nada. Las palabras que yo les he hablado son espíritu y son vida" (Juan 6:63).

¿Qué significa este texto bíblico en cuanto a la manera en que vives tu vida?

¿Por qué es imposible que una "buena persona" se gane la entrada al cielo (conforme a lo que dicen los versículos de este capítulo)?

Cuando olvidamos que somos justos en Jesús, tratamos de hacernos justos a nosotros mismos. Y cuando tratamos de hacernos justos a nosotros mismos, pecamos. Hay una infinidad de maneras en que tratamos de hacernos justos: el éxito (en las notas, los deportes, las actividades escolares), las relaciones, los placeres, el dinero, el control… hasta la vida justa y las actividades religiosas. Cuando nos apoyamos incluso en cosas buenas que nos hacen sentir justos, terminamos elevando esas cosas a una posición peligrosa. Empezamos a vivir para ellas, a hacer sacrificios por ellas y a confiar en ellas. Se convierten en nuestra "salvación funcional". Y si acudimos a algo o alguien que no es Jesús en busca de salvación, pecamos. Para servir a estas cosas, hacemos aquello que prometimos que nunca haríamos, y caemos en la desesperanza, la ira o la ansiedad cuando vemos que se nos escapan de las manos.

Lee con detenimiento todo el capítulo de Romanos 7 y escribe algunos pensamientos para responder a las siguientes preguntas

 ¿Qué dicen los versículos 7 y 12 acerca del valor de la ley?

¿Es posible amar la ley de Dios y aun así, ser esclavos del pecado? (vv. 22-23).

¿Quién tiene la respuesta a este conflicto interior (vv. 24-25)?

Si te das cuenta de que estás luchando continuamente con la misma conducta pecaminosa, o las mismas emociones negativas, pide al Espíritu Santo que te ayude a mirar atrás para recordar lo que le costó a Jesús hacerte justo. En Jesús, no solo somos justos, sino que también somos ricos. No se trata de una riqueza en bienes materiales, sino en bendiciones espirituales. Jesús nos trajo a la familia de Dios, y ahora somos coherederos con Él. Dios nos ha dado todas las bendiciones que nuestro corazón realmente necesita. Cuando olvidamos lo bendecidos y favorecidos que somos, tratamos de hacernos ricos por nuestro propio esfuerzo. Tratamos de buscar por nuestra cuenta un significado para la vida. Esto se convierte en un círculo vicioso.

Cuando yo era muchacho, me parecía un gran problema perder dinero, cualquiera que fuera la cantidad. Centavos, monedas de a cinco, monedas de a diez... lo necesitaba todo. No tenía trabajo, así que no ganaba dinero. Me dominaba el pánico si pensaba que había perdido una moneda de veinticinco centavos. ¿Y perder un billete de un dólar? Habría llamado a la policía o a la línea de emergencia.

Ahora que ya soy adulto, tengo que reconocer: detesto tener monedas en el bolsillo. Cuando me dan cambio en una tienda, a menos que sean monedas de veinticinco centavos, enseguida comienzo a buscar el pequeño frasco que suelen tener para dar o tomar un centavo. Si no tienen uno, me limito a poner el cambio sobre el mostrador, o en algún lugar cercano. Así que si te gustan las monedas, te recomiendo que me sigas el rastro. Aunque no soy rico, no permito que se me eche a perder el día por perder unos cuantos centavos. Soy demasiado "rico" para preocuparme por los centavos.

Si eres cristiano, eres demasiado rico para sentirte ansioso. Eres demasiado rico para ser envidioso. Eres demasiado rico para sentirte insatisfecho. Jesús se hizo pobre para que nosotros pudiéramos ser hechos ricos. Deja que este versículo penetre en tu mente y corazón: "Ustedes conocen la gracia generosa de nuestro Señor Jesucristo. Aunque era rico, por amor a ustedes se hizo pobre para que mediante su pobreza pudiera hacerlos ricos" (2 Corintios 8:9). El Espíritu Santo te recuerda al corazón esta verdad en esos momentos en que tratas de hacerte rico usando medios terrenales.

Escribe algunas maneras en que tratas de hacerte rico.

¡Gracias a Jesús, eres justo en Él! ¡En Jesús, eres rico! Mira atrás y recuerda estas verdades. Creo que descubrirás una motivación más genuina y un mayor poder que te ayudará a vivir para Dios en el presente. ¡Todo eso hará que crezcas! El Espíritu Santo nos ayuda a mirar atrás.

LA MIRADA HACIA ADENTRO

En el capítulo 5 leímos algunas palabras de Jesús tomadas de Juan 16, en las que habla de que enviaría al Espíritu Santo:

> *"Y cuando él venga, convencerá al mundo de pecado y de la justicia de Dios y del juicio que viene. El pecado del mundo consiste en que el mundo se niega a creer en mí. La justicia está disponible, porque voy al Padre, y ustedes no me verán más. El juicio vendrá, porque quien gobierna este mundo ya ha sido juzgado.*
>
> *Me queda aún mucho más que quisiera decirles, pero en este momento no pueden soportarlo. Cuando venga el Espíritu de verdad, él los guiará a toda la verdad. Él no hablará por su propia cuenta, sino que les dirá lo que ha oído y les contará lo que sucederá en el futuro. Me glorificará porque les contará todo lo que reciba de mí" (vv. 8–14).*

¿Qué dice Juan 16:8-14 acerca de la manera en que el Espíritu Santo obra en tu vida?

El Espíritu nos ayuda a mirar adentro de nuestro corazón. La Biblia nos enseña que el corazón es malvado de una manera que ni siquiera podemos reconocer, y que podemos engañarnos a nosotros mismos. Jeremías 17:9 dice: "El corazón humano es lo más engañoso que hay, y extremadamente perverso. ¿Quién realmente sabe qué tan malo es?" Necesitamos con toda urgencia que el Espíritu Santo examine nuestro corazón y nos guíe a la verdad. También necesitamos que ponga en nosotros convicción cuando pequemos, ¡y le debemos estar agradecidos cuando lo hace!

Juan 16:12 sugiere que el Espíritu no solo le recuerda a nuestro corazón las cosas que Jesús ya dijo, sino también las cosas que Jesús *quiso* decir. Esto no significa que el Espíritu Santo nos diga cosas extrañas que oponen a lo que Jesús dijo, o lo que la Biblia dice. Significa que el Espíritu Santo tiene una manera de hablarnos personalmente a nuestra vida, que nos ayuda a crecer a la imagen de Jesús. Y no podremos crecer, a menos que Él nos ayude a mirar hacia adentro.

Describe un momento específico en que el Espíritu Santo
habló a tu vida:

Mi esposa y yo preferimos conocer por adelantado el sexo de nuestros hijos. Sé que hay personas que piensan que averiguarlo arruina la sorpresa. Tengo dos respuestas para ellos: (1) O es una sorpresa ahora, o lo es más tarde. ¡De todas maneras es una sorpresa! (2) Sinceramente, ¡ya hay suficientes sorpresas durante el proceso de dar a luz!

Durante el ultrasonido de nuestra primera hija, observamos la pantalla en la clínica del médico, y esperamos ansiosamente el anuncio: ¿era niño o niña? Yo habría podido contemplar fijamente la pantalla durante horas, sin tener la menor idea. Sin la experta ayuda de la enfermera encargada de hacer la ecografía, nunca habríamos sabido si nuestro bebé iba a usar ropita de color rosado, o azul. Finalmente, la enfermera señaló hacia un punto aparentemente al azar en la pantalla, y declaró: "¡Es niña!" Yo tuve que contentarme con confiar en su palabra.

De igual manera, no puedo mirar dentro de mi propio corazón sin la ayuda del Espíritu Santo. Él me muestra cuáles son las mentiras que he aceptado. Él me convence de mi mala conducta y de mis actitudes. Porque nos ama, es incansable en su intento por hacernos sentir incómodos con nuestro pecado. Lee Lucas 11:35–36: "Asegúrate de que la luz que crees tener no sea en realidad oscuridad. Si estás lleno de luz, sin rincones oscuros, entonces toda tu vida será radiante, como si un reflector te llenara con su luz". La buena noticia, como dice este versículo, es que el Espíritu ilumina hasta el último rincón oscuro que quede en nuestro corazón. Su obra es la que tiene por consecuencia ese fruto del Espíritu sobre el cual escribe Pablo en Gálatas 5:22–23 (NVI).

EL FRUTO DEL ESPÍRITU

Si estás creciendo en el Espíritu,

las demás personas notarán la presencia de las siguientes

características de origen divino en tu vida:

• amor	• paciencia	• fidelidad
• alegría	• amabilidad	• humildad
• paz	• bondad	• dominio propio

El Espíritu también nos ayuda a mirar hacia adentro, ayudándonos a entrar en relaciones con otros cristianos. En el mundo entero, está formando comunidades (¡a las que llamamos iglesias!), y esas comunidades cumplen un papel vital en cuanto a la formación de cada creyente en particular. Nosotros no estamos llamados a hacer solos esta labor. Es el Espíritu quien trae a nuestra vida personas que nos dicen amorosamente las verdades que necesitamos escuchar. Acepta a esas personas.

¿Hay alguien que está dispuesto a decirte "la verdad en amor"? ¿Estas dispuesto a escucharlo?

El Espíritu no pone convicción en nosotros para que nos esforcemos más por ser mejores. Él nos da convicción para que veamos cuáles son los ídolos a los que estamos sirviendo, nos enfrentemos a las mentiras que nos dicen esos ídolos, y después nos arrepintamos de haber confiado en algo o alguien que no es Jesús. El arrepentimiento verdadero siempre significa regresar a Jesús para reconocer su obra y su valor. El arrepentimiento no consiste en que nos maltratemos, en un intento de pagar el precio por nuestro pecado; ¡consiste en que nos regocijemos y descansemos en Aquel que pagó ese precio por nosotros! El resultado final del arrepentimiento es el gozo. El Espíritu restaura en nosotros el gozo y el agradecimiento por nuestro Salvador y nuestra salvación. Nos ayuda a mirar hacia adentro, para que podamos mirar hacia arriba. Y cuando miramos hacia arriba, crecemos.

¿Cuáles son las maneras en que el Espíritu Santo te convence de pecado y hace que te arrepientas?

LA MIRADA HACIA ADELANTE

El verano después de mi primer año de universidad, trabajé en un almacén que vendía repuestos de automóvil. Me pasé el verano entero abasteciendo de mercancía las estanterías. A veces, me tocaba poner ahí piezas realmente pequeñas, como las bujías. Otros días, tenía que llevar a rastras todo un sistema de escape. El trabajo en sí mismo no era horrible, pero estaba en un almacén cerrado, y sin aire acondicionado. Digamos que aquel verano se vendieron muchos sistemas de escape cubiertos de sudor.

EL ESPÍRITU SANTO SE HA CONVERTIDO EN PARTE DE MÍ

HANNAH, 15, MISSOURI

Sobre recibir la salvación: A mí no me parece que entregar nuestra vida a Jesús sea una cosa que se haga una sola vez en la vida. Creo que es algo que debemos hacer todos los días.

Una sobrecarga de poder: Cuando yo tenía nueve años, fui con mi abuela a un retiro de personas mayores. Al entrar al culto, me di cuenta de que la conferencista estaba presentando un poderoso mensaje. Al final hizo un llamado al altar, y mi abuela fue allí para orar por la gente. Yo fui con ella. Cuando estaba orando, sentí que venía a mí una maravillosa sobrecarga de poder, y comencé a hablar en lenguas. Escribí todos los detalles cuando volví a mi casa.

La costumbre de orar en el Espíritu: Después de esa increíble experiencia que tuve, no oré en lenguas todos los días. En realidad, faltó poco para que abandonara la costumbre, y comencé a dudar y hacerme preguntas acerca de aquella experiencia. Mi mamá me animó a que comenzara a orar en el Espíritu todos los días. Yo tengo un momento personal de oración antes de comenzar el día, y antes de irme a la cama. Después de leer un capítulo de la Biblia, oro en el Espíritu.

La presencia del Espíritu Santo está siempre con ella: Siento que el Espíritu Santo siempre está presente: cuando oigo música, cuando converso, etc. No es necesario que diga o haga algo, yo sé que está presente. Es casi como si se hubiera convertido en parte de mí misma.

Unas palabras de aliento: Nada perdura... sólo la eternidad. Tenemos que confiar en Jesús, y Él nos ayudará a atravesar las situaciones por las que estemos pasando.

En el peor momento del peor día, recordé un viaje que había planeado para el final de aquel verano. Unos amigos míos se iban a casar, y yo quería estar en esa boda aquel fin de semana. Estaba ansioso por salir unos cuantos días, ver a unos cuantos amigos de la universidad y divertirme en grande. Mientras sudaba y ponía limpiaparabrisas en los estantes, soñaba despierto sobre aquel fin de semana de la boda. La esperanza de que llegaría aquel acontecimiento futuro hacía que los días pasaran con mayor rapidez. Literalmente, estaba "mirando hacia adelante". Lee lo que le escribió el apóstol Pablo a la iglesia de Éfeso acerca del Espíritu Santo como garantía de lo que habrá de venir:

"Ustedes. . . también han oído la verdad, la Buena Noticia de que Dios los salva. Además, cuando creyeron en Cristo, Dios los identificó como suyos al darles el Espíritu Santo, el cual había prometido tiempo atrás. El Espíritu es la garantía que tenemos de parte de Dios de que nos dará la herencia que nos prometió y de que nos ha comprado para que seamos su pueblo. Dios hizo todo esto para que nosotros le diéramos gloria y alabanza" (Efesios 1:13–14).

Pablo nos enseña aquí que el Espíritu Santo marca a los creyentes como personas que son propiedad de Dios. El Espíritu Santo es un sello que queda estampado en nuestra vida y nuestro corazón. Se nos entrega como señal de propiedad. Estos versículos revelan que Él es también la promesa y el primer pago de nuestra herencia definitiva en Cristo. En otras palabras, el Espíritu Santo es una promesa, o prueba, de que Dios nos guardará y nos atraerá hacia Él. El Espíritu nos ha sido dado para ayudarnos a esperar con confianza ese día futuro.

En 2 Corintios 1:21–22 está expresado de esta forma:

"Es Dios quien nos capacita, junto con ustedes, para estar firmes por Cristo. Él nos comisionó y nos identificó como suyos al poner al Espíritu Santo en nuestro corazón como un anticipo que garantiza todo lo que él nos prometió".

El Espíritu nos ayuda a mirar hacia adelante, a la gran esperanza del cielo y a la restauración de todas las cosas. Nos recuerda el cielo y la vida eterna en la presencia de Dios, y esto nos da fortaleza en los tiempos difíciles. Esta esperanza de ver a Jesús cara a cara nos da paz en los momentos de tribulación. El Espíritu Santo le recuerda a nuestro corazón que Dios está haciendo nuevas todas las cosas, y que un día secará toda lágrima. Crecemos cuando miramos hacia adelante, y descansamos en nuestra esperanza futura.

¿Cómo me ayuda en mi vida diaria el hecho de mirar hacia delante, a la esperanza del cielo?

La convicción de que Dios hará buenas todas las cosas nos libera de tener que hacer bien las cosas a nuestra manera, o de vengarnos. No nos sentimos tentados a poner nuestra esperanza en las cosas que se acaban, cuando tenemos la seguridad de que Jesús está preparando un lugar para que estemos con Él. La confianza en que Dios acabará algún día con la maldad nos ayuda a soportarla, y a descansar en el conocimiento de que no es la maldad la que tiene la última palabra. Mirar adelante hacia estas cosas nos ayuda a adorar. Y adorar a Dios con nuestra vida nos ayuda a crecer.

Cada vez que mi familia se reúne para celebrar un día de fiesta, esto significa una abundancia absurda de comida deliciosa. Mi mamá es de Corea del Sur, así que generalmente, el menú comprende comida coreana maravillosa, así como otros platos más tradicionales en los días de fiesta. La comida aún se está cocinando, o calentando en el horno cuando llega la familia... pero eso a mí no me detiene.

Yo soy de esa clase de personas que se meten en la cocina y registran cuanta cacerola y sartén haya, para probar toda la comida. Mi responsabilidad es asegurar de que todo sabe tan bien como huele. Y por mucho que me guste ir probando, sé que solo es un adelanto de lo que llegará más tarde: ¡la cena!

El Espíritu Santo nos ha sido dado como un adelanto de lo que ha de venir. Su presencia y su cercanía nos abren el apetito para el cielo. Los momentos en que sentimos que Él está obrando en nosotros y a través de nosotros, nos dan un profundo anhelo de estar cara a cara con Jesús, y en la presencia de nuestro Padre.

Necesitamos que el Espíritu nos ayude a mirar hacia delante; de lo contrario, nos dedicaremos a edificar nuestros reinos aquí en la tierra. Sin la ayuda del Espíritu, nos enamoramos cada vez más de lo que este mundo nos ofrece, y fijamos nuestra esperanza en las cosas temporales. Lamentablemente, cuando aparentemente nos va mejor en la vida, no vemos con tanto anhelo nuestro futuro en el cielo. Cuando nos va estupendo en la vida, tendemos a pensar que "el cielo está en la tierra". Como ves, no solo necesitamos mirar hacia adelante en los días peores, sino también en los mejores. El Espíritu Santo es el depósito (el pago inicial) que garantiza ese maravilloso futuro que nos espera. Él nos ayuda a crecer cuando centramos nuestra atención en la eternidad. Nos ayuda a mirar hacia adelante.

De pequeño, yo pensaba con frecuencia que el Espíritu Santo estaba aquí para hacer algo medio siniestro. Sin embargo, la Biblia indica con claridad que el Espíritu Santo no nos fue enviado para hacernos personas extrañas; ¡nos fue enviado para hacernos como Jesús! ¡Él es el Espíritu de Jesús! Él es quien nos motiva a crecer al ayudarnos a mirar hacia atrás, al mirar hacia adentro y al mirar hacia adelante.

¿Cómo te ayuda a crecer en lo personal y en lo espiritual el hecho de mirar hacia atrás, mirar hacia adentro y mirar hacia adelante?

EL ESPÍRITU ME AYUDA A IR

"PERO RECIBIRÁN PODER CUANDO EL ESPÍRITU SANTO
DESCIENDA SOBRE USTEDES; Y SERÁN MIS TESTIGOS,
Y LE HABLARÁN A LA GENTE ACERCA DE MÍ EN TODAS PARTES:
EN JERUSALÉN, POR TODA JUDEA, EN SAMARIA Y HASTA
LOS LUGARES MÁS LEJANOS DE LA TIERRA"

HECHOS 1:8

Este es el último capítulo de nuestro estudio sobre el Espíritu Santo. En este momento, tal vez te estés preguntando: *¿Cuándo vamos a aprender lo que es hablar en lenguas, y todas esas cosas tan emocionantes?* Bueno, ya llegamos. Este es el capítulo que esperabas. Pero primero, quiero compartir contigo un aviso que siento necesario darte de todo corazón.

Si para ti el Espíritu Santo es solo una forma de tener una experiencia emocional, estás equivocado. Él es Dios. Nosotros no lo poseemos, ni lo manipulamos. No hay fórmula mágica para hacer que Él haga lo que nosotros queremos. Aunque es un ayudador, no es un medio para alcanzar un fin. El Espíritu es soberano. Eso significa que es Él quien toma las decisiones; todas ellas. El poder del Espíritu Santo en la vida de un seguidor de Cristo es importante. Sin embargo, la razón que nos mueve a pedir ese poder, también es importante. Ese poder tiene una razón de ser: *Él nos quiere ayudar a ir.* Yo asistí a una escuela secundaria cristiana. Para llegar ahí, tenía que tomar dos autobuses. El primero se detenía en una estación de trasbordo, donde yo pasaba al siguiente autobús. Por las mañanas, en el primer autobús iban adolescentes que estudiaban en otras escuelas, pero el segundo autobús iba lleno de jovencitos que iban a mi escuela cristiana. Cuando regresaba a casa, las cosas eran a la inversa.

Yo me conducía, en esos autobuses, como si se tratara de dos personas diferentes. Cuando estaba con mis amigos cristianos, era extrovertido y me sentía seguro de mí mismo. Cuando iba en aquel otro autobús, me ponía los auriculares y evitaba toda interacción. No estoy seguro de haber pensado que su "maldad" se me iba a pegar, o tal vez no quería arriesgarme a entablar una incómoda conversación sobre la razón por la cual iba a una iglesia cristiana. Comoquiera que fuese, una de las cosas que más lamento de mis años en la escuela secundaria es la oportunidad que desperdicié cuando iba en el otro autobús. Yo sabía todo lo que necesitaba saber acerca del Espíritu Santo. Iba a una iglesia pentecostal, ¡e incluso hablaba en lenguas! Pero no estaba viviendo de acuerdo a mi misión. En otras palabras, no quería "ir".

En este capítulo hablaremos de tres maneras en las que el Espíritu Santo nos ayuda a ir:

1. Nos alcanza a nosotros.

2. Alcanza a otros a través de nosotros.

3. Alcanza más allá de nosotros.

¡Comencemos!

NOS ALCANZA A *NOSOTROS*

¡Cuando olvidamos que hemos sido rescatados, perdemos el fervor de unirnos a la misión de rescate! El poder para ir comienza por recordar a diario que Jesús estuvo dispuesto a venir. Vino a esta tierra y fue a la cruz… ¡por nosotros! Íbamos camino de la destrucción, pero Él intervino.

En las semanas y los meses que siguieron a los trágicos acontecimientos del 11 de septiembre, escuché las historias de los supervivientes. Había en ellas un tema que se repetía una y otra vez: cuando uno sabe que no debería estar vivo, ese conocimiento cambia su manera de vivir.

Este es el testimonio del cristiano: deberíamos estar muertos, pero Jesús nos dio vida. Esta verdad cambia nuestra manera de vivir. Nos da poder para ir. Si no cambia la manera en que vivimos, entonces necesitamos revisar esa verdad. Él nos *alcanza* a nosotros.

¿Cómo le explicarías a un amigo que no conoce a Jesús el hecho de que Jesús ha cambiado y está cambiando tu vida?

ÉL ALCANZA A OTROS *A TRAVÉS DE* NOSOTROS

"Una vez, mientras comía con ellos, les ordenó: 'No se vayan de Jerusalén hasta que el Padre les envíe el regalo que les prometió, tal como les dije antes. Juan bautizaba con agua, pero en unos cuantos días ustedes serán bautizados con el Espíritu Santo'.

Así que mientras los apóstoles estaban con Jesús, le preguntaron con insistencia:

—Señor, ¿ha llegado ya el tiempo de que liberes a Israel y restaures nuestro reino?

Él les contestó: —Solo el Padre tiene la autoridad para fijar esas fechas y tiempos, y a ustedes no les corresponde saberlo; pero recibirán poder cuando el Espíritu Santo descienda sobre ustedes; y serán mis testigos, y le hablarán a la gente acerca de mí en todas partes: en Jerusalén, por toda Judea, en Samaria y hasta los lugares más lejanos de la tierra.

Después de decir esto, Jesús fue levantado en una nube mientras ellos observaban, hasta que ya no pudieron verlo" (Hechos 1:4–9).

Muchas veces, los padres descubren que su segundo hijo tarda más en comenzar a hablar, que el primero. Es probable que si eres el primer hijo de la familia, quieras proclamar que tu inteligencia es superior. Sin embargo, porque soy un segundo hijo, permíteme sugerir una explicación diferente. Es frecuente que el primer hijo hable por el segundo. Lilia, mi hija de cinco años de edad (ahora seis), traducía muchas veces lo que Caraline, mi hija de dos años (ahora tres) nos quería decir. Expresaba para nosotros los ruidos que hacía Caraline con palabras que pudiéramos entender. El Espíritu Santo hace algo similar, aunque mucho más asombroso. Cuando nosotros no tenemos palabras; cuando solo tenemos lágrimas, el Espíritu Santo habla por nosotros. En realidad, alcanza a otros a *través* de nosotros.

Una manera en que el Espíritu hace esto, es por el don de una lengua celestial de oración: las lenguas. Revelación total: yo creo que las lenguas son un don para hoy, y que todos los creyentes pueden recibir este don. Comprendo que esta creencia no es aceptada por todos. De hecho, tengo buenos amigos cristianos que no están de acuerdo conmigo. Tenemos interpretaciones diferentes de algunos pasajes clave de las Escrituras, y hemos tenido experiencias diferentes con el Espíritu Santo. Y está bien. Yo los amo, ellos me aman y todos amamos a Jesús.

En la próxima sección presentaré algunos pensamientos sobre el bautismo en el Espíritu Santo con la evidencia de las lenguas. No haré un análisis profundo del tema. Te animo a que leas *La vida en el Espíritu*, por el Dr. George O. Wood, si quieres saber más de este tema. Antes de seguir adelante, dediquemos un tiempo a comentar algunas preguntas importantes.

¿Cuáles son las preguntas que tienes acerca del bautismo en el Espíritu Santo y de las lenguas?

Escribe algunas de las preguntas que la gente te ha hecho acerca del bautismo en el Espíritu Santo.

La primera vez que un grupo de personas habló en lenguas fue un Día de Pentecostés, en Hechos 2. Jesús le había dicho a sus seguidores que esperaran en Jerusalén hasta que recibieran el Espíritu Santo. Ellos esperaron y oraron, hasta que el Espíritu Santo se manifestó de una manera maravillosa: hubo un sonido como de un viento recio, aparecieron llamas de fuego sobre la cabeza de las personas, y comenzaron a orar en otras lenguas, que ni ellos mismos las entendían. ¡Lo sorprendente es que hablaban sobre las maravillas de Dios en los idiomas nativos de los que habían llegado Jerusalén a celebrar el Día de Pentecostés!

Imagina que de repente fueras capaz de hablar en chino o en francés sin haber estudiado esos idiomas y sin darte cuenta de que lo estás haciendo. Eso es lo que sucedió ahí. Pero no se trataba de un truco bien pensado, sino que proclamaron la verdad de Dios ante los demás. No te lo pierdas: desde su principio mismo, el bautismo en el Espíritu Santo y el don de hablar en lenguas *han tenido relación con la misión de Dios.* Esa misión consiste en el rescate de la humanidad y la restauración de toda la creación.

El libro de los Hechos se registra cinco ocasiones en las cuales alguien fue bautizado en el Espíritu Santo. Tres de esas cinco mencionan las lenguas de manera explícita (Hechos 2:1–21; 10:44–48; 19:1–7). Aunque en el relato del bautismo de Pablo en Hechos 9 no se incluye este detalle, sí sabemos por sus escritos posteriores que Pablo también hablaba en lenguas (1 Corintios 14:18).

Otro relato que no menciona de manera explícita las lenguas es el que se refiere al momento en que los samaritanos cristianos fueron llenos del Espíritu, que se encuentra en Hechos 8:4–19. Cuando Pedro y Juan les impusieron manos a los samaritanos para que recibieran el Espíritu Santo, sucedió algo visible. ¿Cómo lo sabemos? Porque un hechicero local llamado Simón vio algo, y trató de comprarlo, creyendo que se trataba de una capacidad mágica. ¿Qué vio? A partir del patrón establecido por el Espíritu Santo en el libro de los Hechos, yo creo que los vio hablar en otras lenguas. Además, este patrón que aparece en el libro de los Hechos es una de las razones clave que apoyan la creencia de que las lenguas son la evidencia física inicial de que la persona ha sido bautizada en el Espíritu.

Entonces, ¿cuál es la razón de ser del bautismo en el Espíritu Santo?

En el gimnasio, nunca he estado en la sección de levantamiento de grandes pesas. Hago ejercicios cardiovasculares, y tal vez un poco de levantamiento de pesas, pero siempre me mantengo alejado de la parte donde levantan pesos grandes. La principal razón es que esos personajes que levantan las grandes pesas tienen el aspecto de ser inmensos, y estar siempre enojados.

¡Les crecen músculos en los músculos! Imagínate ahora que uno de esos tipos llenos de músculos se encontrara a una niña asustada que pide ayuda a gritos, porque se ha caído en un hoyo en el camino. Además imagínate que, a pesar de tener toda la fuerza que hace falta para ayudarla, no quiera hacerlo ¡porque se niega a usar su poder para otra cosa que no sea levantar pesas! No ayuda a su esposa a mover los muebles de la casa, porque solo usa sus músculos dentro del gimnasio. Ni siquiera ayuda a cargar a su bebé recién nacido, porque se reserva toda su fuerza solo para el levantamiento de pesas. ¡Eso sí que es un poder que no tiene propósito alguno!

El propósito del bautismo en el Espíritu Santo es que recibamos poder para cumplir la misión de Dios; poder para ser testigos suyos (Hechos 1:8). Hablar en lenguas sin vivir con una misión es tener un poder sin propósito alguno. Esto es desequilibrado y ajeno a la Biblia. No tenemos la opción de separar el bautismo en el Espíritu Santo de la propagación del Evangelio.

Muchos cristianos creen que las lenguas era lo normal en los primeros años de la Iglesia. El apóstol Pablo tuvo que corregir a la iglesia de Corinto, porque sus cultos eran caóticos y desordenados (1 Corintios 14). Hacían alarde de su espiritualidad a base de hablar en lenguas a voz en cuello, pero no lo hacían para el bien de la iglesia. Estaban sembrando confusión, sobre todo para sus visitantes.

Cuando el Espíritu Santo le indica a alguien en la iglesia que hable en lenguas en alta voz, también le da a alguien la interpretación de esas lenguas al idioma que todos conocen. A veces, es la misma persona quien recibe tanto las lenguas como la interpretación (1 Corintios 14:13, 27–28).

¿Qué dice Pablo acerca de "las lenguas y la interpretación" (1 Corintios 14:5)?

 ¿Qué tiene la profecía la capacidad de hacer (1 Corintios 14:24–25)?

Cuando los creyentes oran en lenguas en privado, no es necesario que éstas sean interpretadas; es una comunicación entre esa persona y Dios. El propósito es diferente. La oración en lenguas que se hace en privado edifica y anima a la persona que ora. Cuando nos reunimos, todo lo que hagamos debe ser para el beneficio y la edificación de los demás, ¡y en esto queda incluido el don de lenguas! ¿Es comprensible y útil para los demás? Esta es la verdadera prueba cuando se trata de la obra del Espíritu Santo en nuestras iglesias. Es también cierto respecto a todos los demás dones del Espíritu Santo sobre los cuales escribe Pablo en 1 Corintios 12:4–11.

¿Cuáles son las principales diferencias entre orar en lenguas en privado y orar en lenguas en voz alta en un culto de la iglesia?

LOS NUEVE DONES DEL ESPÍRITU QUE PRESENTA PABLO EN 1 CORINTIOS 12 BENEFICIAN TAMBIÉN A LOS CREYENTES DE HOY (NVI). ESTOS SON:

1. la palabra de sabiduría
2. la palabra de conocimiento
3. la fe
4. los dones para sanar enfermos
5. poderes milagrosos
6. la profecía
7. el discernir espíritus
8. el hablar en diversas lenguas
9. el interpretar lenguas

Algo que vale la pena tener en cuenta es que Pablo no le dijo a la iglesia de Corinto que dejara de hablar en lenguas por completo. Tampoco le dijo que dejara de usar los dones del Espíritu Santo. El hecho de que se dedicara un tiempo a enseñarles acerca de la manera en que se deben usar los dones del Espíritu muestra lo importantes que éstos son; no les quita valor en ningún sentido. Otra cosa que Pablo no dijo fue que no tendrían esos dones para siempre; no hizo ninguna indicación explícita de que terminarían los dones del Espíritu Santo, entre ellos el de hablar en lenguas.

Los dones del Espíritu y las lenguas eran una parte normal de la experiencia de la Iglesia en sus primeros tiempos. Si esos dones estaban destinados a desaparecer, yo creo que las Escrituras nos proporcionarían evidencias fuertes y claras al respecto… y no veo que lo haga. Lo que era normal en los primeros años de la Iglesia, es normal también para nosotros. Como mencioné anteriormente, mis experiencias también les han dado forma a mis creencias. Aunque hay quienes señalan de inmediato que no se debe convertir una experiencia en teología, lo opuesto también es cierto: no se debe convertir una falta de experiencia en teología. A partir de las Escrituras (y de mis propias experiencias), yo creo que el bautismo en el Espíritu Santo con la evidencia de las lenguas es también para hoy.

Entonces, ¿qué es el bautismo en el Espíritu Santo con la evidencia de hablar lenguas? Quiero comenzar sugiriéndote algunas cosas que *no* es:

- **No es una línea divisoria entre los cristianos que tienen este don y los que no lo tienen.** Todos los que hemos creído en Jesucristo tenemos al Espíritu Santo, y todo el Espíritu Santo, viviendo en nosotros. Desde el momento en que nos convertimos en cristianos, el Espíritu Santo mora dentro de nosotros.

- **No es una señal de la aprobación de Dios sobre el creyente.** Eso quedó resuelto en la cruz. ¡Te ruego que no creas esta peligrosa mentira! Si estás buscando el bautismo en el Espíritu Santo para sentirte amado por Dios, entonces lo que necesitas es volver a analizar el mensaje del Evangelio.

- **No es una razón para creerse superior a aquellos que no hablan en lenguas.** Cada vez que un don de Dios lleva a la arrogancia, podemos estar seguros de que no lo hemos entendido en absoluto.

- **No es un don reservado a los cristianos que se portan bien.** Dios da los dones como Él quiere y cuando Él quiere. ¡Si solo le diera sus dones a las personas perfectas, entonces no habría uno solo de nosotros que pudiera recibir alguno de ellos!

- **No es una habilidad que podamos aprender.** Piensa en los discípulos en Hechos 2, en el Aposento Alto. Ellos no sabían lo que estaba a punto de suceder. Nadie les enseñó a hablar en lenguas. Nadie les oró en lenguas junto al oído, ni les indicó: "Repite lo que yo diga".

- **No es un momento que nosotros hacemos que suceda.** Eso reduciría a Dios a una máquina expendedora de productos: sería como empujar los botones correctos, decir las palabras precisas, saltar en una pierna mientras te das palmadas en el abdomen, y... *presto*: ¡las lenguas! El enfoque del trato con Dios y de sus dones en el sentido de una transacción (yo doy o hago algo; por tanto, tú me debes dar o hacer algo en mí), en el mejor de los casos sigue siendo dañino.

- **No es consecuencia de que la persona perfecta haya hecho contigo la oración perfecta.** A veces pensamos: *Si esa persona orara conmigo*, o bien, *Si yo pudiera decir las palabras correctas, entonces estoy seguro de que Dios me daría ese don.* No pongas tus esperanzas en los demás, ni en ningún rito religioso. De hecho, ni siquiera necesitas que alguien ore contigo. Yo conozco adolescentes que han sido bautizados en el Espíritu Santo mientras estaban orando solos.

- **No es la meta.** Cuando recibes el bautismo, aún no has llegado a la meta. Sigues siendo una obra en progreso.

De esta lista, ¿cuál es la descripción que se relaciona más contigo?

Escribe tus preguntas en relación con esta lista.

Tal vez te estés preguntando: "¿Cuál es el beneficio que aporta el que yo hable en lenguas?" Tal vez, puesto que nuestra lengua es tan difícil de manejar y de controlar, hablar en lenguas representa nuestro sometimiento al Espíritu. Santiago dice: "Si pudiéramos dominar la lengua, seríamos perfectos, capaces de controlarnos en todo sentido" (3:2). Cualquiera que sea el motivo, en última instancia fue Dios quien escogió las lenguas como evidencia del bautismo en el Espíritu Santo, y yo confío en su decisión. A continuación, te ofrezco algunas ideas que yo tengo con respecto a las razones de que debemos anhelar este don:

- Las lenguas nos capacitan para hablar en consenso con el cielo. Cuando oramos en el idioma que conocemos, es posible que digamos cosas que no estén de acuerdo con la voluntad de Dios. Tal vez tengamos motivaciones egoístas, o peticiones un tanto miopes. Romanos 8:27 dice: "Y el Padre, quien conoce cada corazón, sabe lo que el Espíritu dice, porque el Espíritu intercede por nosotros". Por supuesto, el Espíritu de Dios conoce la mente de Dios. Cuando nosotros oramos en lenguas, el Espíritu ora a través de nosotros, de manera continua y sin obstáculos.

- Pablo afirma claramente que al hablar en lenguas, nos fortalecemos a nosotros mismos. Esto es lo que dice en 1 Corintios 14:4a, "La persona que habla en lenguas se fortalece a sí misma". Yo no sé con exactitud cómo sucede esto, pero sí sé que necesito todo el aliento y toda la fortaleza que pueda conseguir.

- El bautismo en el Espíritu Santo es "la promesa del Padre" (Lucas 24:49; Hechos 2:33). Con tantos adolescentes el día de hoy que crecen sin padre y sin ejemplos de conducta masculina, esa promesa adquiere un matiz poderoso. Esto es algo que el Padre tiene y quiere para nosotros.

- Jesús le dijo a sus discípulos que lo esperaran. (Hechos 1:4). Jesús es el bautizador. ¡Cualesquiera que sean las ideas erróneas o los recelos que tengas acerca del Espíritu Santo, es necesario que sepas que Jesús piensa que recibir el Espíritu Santo es una cosa buena para ti! ¡Te podrás sentir inseguro respecto al don, pero siempre podrás estar seguro de Aquel que lo otorga!

- Hay una conexión entre el bautismo en el Espíritu Santo y el valor que muchas veces necesitamos para dar testimonio de Jesús (Hechos 1:4-8). Jesús le dio a los discípulos un claro plan para su misión, pero sabiendo que necesitarían valentía, les indicó que esperaran a recibir el bautismo antes de comenzar su misión.

De la lista anterior, ¿qué razones te mueven a buscar el don de hablar lenguas:

En este momento, tal vez te estás preguntando lo siguiente:

¿Cómo se explican todas las cosas extrañas que pasan en algunas iglesias?

¿Cómo se explica el hecho de que alguien que quiere hablar en lenguas, todavía no lo ha hecho?

¿Cómo se explica el que te hagan sentir como un cristiano inferior si no hablas en lenguas?

¿Cómo se explica que haya cristianos que hablan en lenguas, pero son unos canallas?

¿Cómo se explica que haya cristianos que hablan en lenguas, pero nunca le hablan a nadie de Jesús?

¿Cómo se explica el hecho de que hay creyentes, iglesias y ministerios que no creen en las lenguas, pero aun así están alcanzando al mundo con el Evangelio de una manera asombrosa?

¿Cómo se explica que haya iglesias pentecostales que se están muriendo?

¿MI RESPUESTA A LA MAYORÍA DE ESTAS PREGUNTAS?

No sé qué responder. Realmente, no lo sé. Celebro lo que están haciendo todos los cristianos y todas las iglesias cristianas para alcanzar a las almas perdidas, cualesquiera que sean sus creencias acerca de las lenguas. Puesto que el bautismo no es un don reservado para los que sean cristianos perfectos; encontrarás cristianos que hablan en lenguas, y aún necesitan crecer más... ¡Yo soy uno de ellos!

Oro por las iglesias que están muriendo sin alcanzar a su comunidad. El Espíritu quiere alcanzar a otros a través de nosotros, y la oración en lenguas es una de las maneras en que lo cumple. Pero no es la única. Cuando amamos a los indigentes y servimos a nuestra comunidad, el Espíritu los está alcanzando a través de nosotros. De hecho, ¿qué valor tiene el que hablemos en lenguas, si no amamos? Pablo nos da la respuesta en 1 Corintios 13:1: "Si pudiera hablar todos los idiomas del mundo y de los ángeles pero no amara a los demás, yo solo sería un metal ruidoso o un címbalo que resuena". Entonces, ¿qué valor tiene? *Ninguno.*

Quisiera compartir contigo un pensamiento acerca de las cosas extrañas. Hay quienes piensan que si algo que sucede en un culto de una iglesia es extraño, *no puede venir* del Espíritu Santo. Otros piensan que si algo es extraño, *tiene que ser* del Espíritu Santo. Ambos puntos de vista están equivocados. Debemos ser sabios, debemos escudriñar las Escrituras y discernir qué es de Dios y qué no lo es. En la Biblia suceden cosas extrañas; no nos podemos limitar a desechar todo lo que nos parezca extraño. Pero aquí la asunto no está en ser extraño, sino en amar a Jesús y vivir con una misión. El Espíritu nos ayuda a ir cuando alcanza a otros *a través* de nosotros.

Las lenguas no son la respuesta; la respuesta es Jesús. Hablar en lenguas no es un suceso mágico que nos hace amar a Jesús de una manera perfecta. El bautismo es un don que Dios nos da si quiere, y cuando quiere. El bautismo en el Espíritu Santo es importante, y tiene un valor extraordinario. No obstante, nuestra esperanza definitiva no está en las lenguas. Nuestra esperanza definitiva está en la obra de Cristo.

No hay ninguna fórmula fija para recibir el bautismo en el Espíritu. En la Palabra de Dios vemos que solo lo recibían los cristianos; a veces había personas orando unas por otras. Es grandioso tener la actitud espiritual de estar abierto a todo lo que Dios quiera hacer en ti y por medio de ti. Todo lo que hacemos como cristianos y todo don que recibimos de Dios, se produce por fe. Según Hechos 2:4, el Espíritu da la expresión (el lenguaje celestial de oración) y nosotros, por fe, elevamos a Él esas palabras en adoración y oración. Empleamos una fe sencilla para decir las palabras que Él nos da, con el fin de expresarle con mayor eficacia el profundo amor de nuestro corazón al Señor, y orar por aquellas cosas por las cuales no sabemos cómo orar.

> Detente un momento para orar con detenimiento respecto a algunos de los pensamientos del párrafo anterior. Dedica un tiempo para escribir en tu diario lo que el Espíritu Santo te está diciendo a ti, y a otros a través de ti.

Si no has sido bautizado en el Espíritu con la evidencia de las lenguas, te recomiendo que escudriñes tú mismo las Escrituras y hables con tus líderes espirituales. Por favor, no permitas que el enemigo te haga sentir culpable si aún no has recibido este don. Si estás en Cristo, el Espíritu Santo vive en ti... y *no* hay condenación (Romanos 8:1). Expresa en tu oración lo que tienes en el corazón y lo que anhelas. Dile a tu Padre celestial que quieres los buenos dones que Él tiene para ti. Confía en que Él lo hará en el momento correcto. Dale gracias a Jesús por haberte salvado y por enviar al Espíritu para llenarte y darte el poder que necesitas para ir.

ÉL ALCANZA *MÁS ALLÁ* DE NOSOTROS

El Espíritu nos alcanza *a nosotros*. El Espíritu alcanza *a través* de nosotros. Y el Espíritu alcanza *más allá* de nosotros. El Espíritu Santo nos da poder para hacer muchas cosas que nunca habríamos podido cumplir por nuestras propias fuerzas. Él es quien unge a las personas para que su ministerio sea eficaz. De hecho, yo sugeriría que todo impacto duradero en el ministerio es producto suyo. Sí, Él obra a través de nosotros, pero también obra siempre *a pesar de nosotros*.

Esto significa que debemos confiar realmente en su obra. Hemos sido llamados a ser siervos fieles, pero el Espíritu es el que produce los resultados. Muchas veces me han preguntado: "¿Cómo puedo hacer que alguien cambie? ¿Cómo hago que alguien vea la verdad del Evangelio?" La respuesta: ¡No puedes! Pero el Espíritu sí puede; Él alcanza *más allá* de nosotros.

Cuando oigo a predicadores que tratan de manipular a la gente o crear una respuesta de tipo emocional al hablar acerca del Espíritu Santo, me pregunto si ellos creen realmente lo que están diciendo. Lo triste es que esto podría ser evidencia de que en realidad, no confían en la obra del Espíritu. La exaltación en la atmósfera, o el intento de fabricar "momentos del Espíritu Santo, no son requisitos para que el Espíritu obre.

No vemos nada de esto en la vida de Jesús. Él nunca se puso en ningún tipo de trance para hacer un milagro, ni aumentó la intensidad de la situación para sacar un demonio. La emoción y el entusiasmo como respuestas a la verdad de Dios son excelentes. Yo apenas puedo contener las lágrimas cada vez que hablo de la cruz. Pero el uso de mayor volumen en la voz o de movimientos frenéticos para manipular la actividad divina o demostrar nuestra propia espiritualidad, no es una verdadera adoración guiada por el

Espíritu. De hecho, lo que nos recuerda son las escenas de la falsa adoración que encontramos en 1 Reyes 18:25–29.

> Busca 1 Reyes 18:25–29 y describe brevemente lo que hacían los profetas de Baal para que su dios los escuchara. ¿Tuvieron éxito?

¡Cuando creemos que el Espíritu alcanza *más allá* de nosotros, descansamos y confiamos en su obra!

Hagamos un breve resumen de lo que hemos aprendido acerca del Espíritu Santo en esta segunda sección del libro:

- El Espíritu nos ayuda a saber: necesitamos a Jesús.

- El Espíritu nos ayuda a crecer: necesitamos ser como Jesús.

- El Espíritu nos ayuda a ir: necesitamos dedicarnos a la misión de Jesús.

Jesús sabía que nosotros necesitábamos el Espíritu, y sabía que el Espíritu nos ayudaría. Pasó treinta y tres años en la tierra, proclamando y manifestando el Reino de Dios. Cuando se acercaba la hora de su sufrimiento, miró a sus discípulos. Eran hombres orgullosos, inseguros e inmaduros. Lo traicionarían, lo negarían y dudarían de Él.

¡Debería haber temido! ¡Debería haber sentido pánico! Debería haber dicho: "¿Qué sucederá cuando yo me vaya? ¡Quedarán indefensos!" Sin embargo, esto fue lo que dijo:

"En realidad, es mejor para ustedes que me vaya porque, si no me fuera, el Abogado Defensor no vendría. En cambio, si me voy, entonces se lo enviaré a ustedes" (Juan 16:7).

¿Por qué (o por qué no) necesitas un ayudador?

¿Qué impide que recibas hoy con los brazos abiertos al Espíritu Santo?

NOTAS

1. "Best Selling Book of Non-Fiction", *Guinness World Records*, http://www.guinnessworldrecords. com/records-1/best-selling-book-of-non-fiction/, consultado el 12 de noviembre de 2014.

2. Tim Keller, *En defensa de Dios: Creer en una época de escepticismo* (Grupo Editorial Norma, 2009).

3. Andy Stanley, *La mejor de las preguntas* (Editorial Unilit, 2006).

ACERCA DEL AUTOR

Desde febrero de 2011, David Hertweck ha tenido el cargo de Director del Ministerio de Jóvenes para las Asambleas de Dios de Nueva York. Anteriormente había trabajado durante doce años como pastor de jóvenes en el norte del estado de Nueva York. David es graduado del Instituto Bíblico Elim con un diploma en estudios bíblicos, enfocados en el liderazgo de la adoración. Actualmente está cursando sus estudios de posgrado en el Seminario Northeastern, donde obtendrá una maestría en liderazgo transformacional.

David siente pasión por ayudar a los obreros de jóvenes de las iglesias locales y sostener unos ambientes de creación de discípulos marcados por la fluidez del Evangelio, la dependencia del Espíritu y la comunidad bíblica. Su nuevo libro, *Good Kids, Big Events and Matching T-Shirts: Changing the Conversation on Health in Youth Ministry*, será publicado en español en el segundo trimestre de 2015.

David y su esposa Erin tienen tres hijas: Lilia, Caraline y Madelaine. David ama a su esposa y sus hijas, y al resto de su familia. Le gustan la buena música, la buena comida, su asador Weber, su guitarra Taylor, el Club de Fútbol de Liverpool, los Yankees y el Evangelio.

Para mayor información acerca de este libro y
otros recursos, visite:
www.gospelpublishing.com.